역사 속 세기의 로맨스

역사 속
세기의 로맨스 20 덕혜옹주와 소 다케유키

2016년 7월 15일 초판 1쇄 인쇄
2016년 7월 22일 초판 1쇄 발행

글 박시연 / 그림 루루지
펴낸이 이철규 / 펴낸곳 북스
편집 강하나 / 편집디자인 이지훈

편집부 02-336-7634 / 영업부 02-336-7613 / FAX 02-336-7614
홈페이지 http://www.vooxs.kr / 등록번호 제 313-2004-00245호 / 등록일자 2004년 10월 18일

주소 서울특별시 광진구 동일로 4길 32 2층
값 10,800원
ISBN 978-89-6519-165-0 74800
　　　 978-89-6519-043-1 (세트)

잘못된 서적은 구입하신 서점에서 교환하여 드립니다.
이 책은 저작권법에 의해 보호를 받는 저작물이므로 불법 복제와
스캔 등 무단 전재 및 유포·공유를 금합니다.

이 도서의 국립중앙도서관 출판시도서목록(CIP)은 서지정보유통지원시스템 홈페이지(http://seoji.nl.go.kr)와
국가자료공동목록시스템(http://www.nl.go.kr/kolisnet)에서 이용하실 수 있습니다.
(CIP제어번호 : CIP2016017162)

역사 속 세기의 로맨스

20 덕혜옹주와 소 다케유키

글 박시연 그림 루루지

연재를 마치며

그동안 《〈세기의 로맨스〉》를 애독해주신 독자 여러분께 진심으로 감사드립니다.

지금으로부터 정확히 4년 전인 2012년 8월 시리즈 첫 권인 '헨리 8세와 앤 블린'을 출간했을 때만 해도 이 시리즈가 20권까지 이어질 줄은 상상하지 못했습니다. 여기까지 작가를 이끌어주신 독자 여러분의 과분한 사랑에 다시 한 번 감사의 마음을 전하고 싶습니다.

언제나 그렇듯 시리즈를 마치고 나면 뿌듯함과 함께 아쉬움이 남습니다. 세기의 로맨스는 기본적으로 역사적 인물과 사건에 기반을 두고 있지만 거기에 작가의 상상력이 더해져 극적으로 재구성한 팩션입니다. 그렇다보니 종종 역사적 사실에 꼭 들어맞지 않는 부분도 있었습니다. 독자 여러분께 다시 한 번 당부 드리거니와, 세기의 로맨스를 어디까지나 팩션으로 봐주시기 바랍니다. 이 소설은 남녀 주인공의 따뜻한 사랑 이야기로 독자 여러분에게 감동을 드림과 동시에 각 권에 등장하는 역사적 인물들에 대한 관심을 유도하는 집필의 도를 가지고 쓰였음을 다시 한 번 밝힙니다.

특히 마지막 20권을 어떤 인물들로 다룰까에 대해 작가와 편집부 모두 고민이 많았습니다. 덕혜옹주와 다케유키를 주인공으로 구상

했지만 덕혜옹주가 일제의 강요에 의해 다케유키와 정략결혼을 했으므로 로맨스 자체가 될 수 없다는 반대의견이 많았던 것도 사실입니다. 하지만 여러 자료들을 검토한 결과 다케유키 역시 일본 제국주의에 의한 피해자 중 한 명이며, 끝까지 덕혜옹주에게 동정적이었다는 측면을 부각시켜 소설로 집필하게 되었습니다. 또한 광복절을 앞둔 이즈음, 나라를 잃은 망국의 공주가 겪어야했던 비극적 삶을 다룸으로써 독자 여러분에게 광복의 의미를 되새길 수 있는 기회도 제공하고 싶었습니다.

  이제 작가는 세기의 로맨스와 함께 해왔던 긴 여정을 마치고 다시 새로운 출발선에 서게 되었습니다. 조만간 신작 《《운명을 바꾼 탄생석》》 시리즈로 독자 여러분을 만나 뵙게 될 것 같습니다. 세기의 로맨스를 사랑해 주셨듯이 신작 《《운명을 바꾼 탄생석》》에도 많은 애정과 관심을 가져주시길 부탁드립니다.

2016년 7월 5일

박시연 올림

머리말 _6

우리에게 기도가 필요한 시간 _11

말괄량이 옹주 덕혜와의 만남 _34

포로가 되어 현해탄을 건너다 _50

대마도 백작 소 다케유키와의 만남 _68

거듭되는 슬픔 _89

슬픈 결혼식 _102

뜻밖의 선물 _129

우리에게 가장 소중한 것 _146

부록 덕혜옹주의 비극적인 삶 _168

1
우리에게 기도가 필요한 시간

중환자실을 향해 헐레벌떡 달려오던 리사는 우뚝 멈춰 섰다.

"헉…… 허억……!"

어깨를 들썩이며 거친 숨을 몰아쉬는 리사의 눈에 중환자실 앞에 홀로 앉아 있는 선재의 모습이 들어왔다. 반가운 친구의 얼굴이 보였지만 리사는 부를 수도, 다가갈 수도 없었다.

"흐흑……!"

선재는 소리 죽여 울고 있었던 것이다. 그제야 리사는 선재가 얼마나 강한 아이인지 깨달을 수 있었다. 선재에게는 지금껏 또래의 친구들이 경험하기 힘든 어려운 일들이 많았다. 그럼에도 리사는 선재가 우는 모습을 한 번도 상상하지 못했다. 왜냐하면 선재가 그 모든 난관을 아무렇지 않게 극복할 것처럼 여겨졌기 때문이다. 그런 선재가 눈물을 뚝뚝 흘리고 있었다. 손으로 입을 가린 채 어떻게든 울음을 그쳐보려는 선재의 모습이 너무 안쓰러워 리사는 심장이 조여드는 기분이었다.

리사가 선재의 옆자리로 앉으며 조심스럽게 물었다.

"선재야, 대체 왜 그래? 아빠한테 무슨 일이라도 생긴 거야?"

"으흐흑!"

선재의 울음소리가 조금 더 커졌다.

"나한테 얘기해봐. 우린 친구잖아."

"아, 아빠가 위독하시대. 오늘 밤이 고비가 될 수도 있다나봐."

리사는 그만 말문이 막혀 버리고 말았다. 선재를 위로하고 싶었지만 어떤 말을 해야 할지 떠오르지 않았다.

"……"

리사는 아무 말도 하지 않고 선재의 손을 살며시 잡아주었다.

"끅…… 끄윽……."

소리죽여 우는 선재의 손을 리사는 오랫동안 놓지 않았다.

한참만에야 선재의 아빠를 담당하는 의사 선생님이 중환자실 문을 열고 나왔다. 선재가 의사 선생님에게 달려갔다.

"선생님, 저희 아빠는요?"

"으음……."

"선생님, 말씀 좀 해주세요."

"아빠의 상태가 급격히 나빠졌다는 소리는 들었지?"

"네."

창백한 선재의 얼굴을 측은하게 보던 의사 선생님이 선재의 팔을 쓰다듬으며 말씀하셨다.

"이젠 기적을 기다려야 할 때인 것 같구나. 어떤 상황이 닥치더라도 용기를 잃어서는 안 돼. 알겠지?"

"아아……!"

선재의 얼굴이 더욱 창백해져 이제 핏기 한 점 보이지 않게 되었다.

콰악!

옆쪽으로 허물어지려는 선재를 리사가 재빨리 부축했다. 선재를 의자에 앉히며 리사가 다독이며 말했다.

"선재야, 기운을 차려. 선생님도 용기를 내라고 하셨잖아."

"우리가 사는 세상에 기적이 얼마나 일어날 거 같아?"

"뭐?"

"기적을 바라자는 말은 아빠가 회복될 가능성이 없다는 뜻이라고."

"선재야……."

리사가 할 말을 잃고 선재의 얼굴을 바라볼 때, 성 여사의 날카로운 목소리가 들려왔다.

"강리사! 너 여기서 뭐하고 있는 거야?"

"!"

리사와 선재가 동시에 눈을 부릅뜨고 성난 얼굴로 서 있는 성 여사와 뒤쪽에 강 사장을 돌아보았다. 리사가 스윽 자리에서 일어나 머리끝까지 화가 치민 성 여사를 향해 사정조로 말했다.

"엄마, 선재네 아빠가 지금 위독하세요. 어쩌면 오늘 밤이 고비가 될지도……."

철썩――!

"악!"

리사의 말이 끝나기도 전에 성 여사가 리사의 뺨을 때렸다.

"엄마?"

리사가 뺨을 감싼 채 엄마의 얼굴을 놀란 눈으로 쳐다보았다. 리사가 기억하는 한, 엄마한테 이렇게 모질게 맞은 기억은 없었다. 무섭다기보다는 서러워서 리사는 눈물을 주르륵 흘렸다. 그러거나 말거나 성 여사는 사납게 쏘아붙였다.

"너, 대체 엄마를 어디까지 실망시킬 작정이니? 내가 널 어떻게 키웠는데, 네가 어떻게 나한테 이럴 수가 있어?"

"……."

강 사장이 성 여사의 팔을 붙잡고 만류했다.

"여보, 그만하구려. 리사도 알아들었을 거야. 게다가 선재의 아빠가 위독하시다잖소."

강 사장이 미처 인사도 하지 못하고 멍하니 앉아 있는 선재를 쳐다보았다. 강 사장의 눈빛에도 안타까움이 묻어났다. 그러거나 말거나 성 여사는 리사의 손을 와락 움켜잡았다.

"집으로 가자!"

"지금은 안 돼요!"

리사가 손을 뿌리치자, 성 여사의 표정이 무시무시하게 변했다.

"리사 너 정말!"

"엄마 제발요! 오늘 밤만 선재와 함께 있게 해주세요, 네?"

리사가 두 손을 모아 쥐고 애원했지만 성 여사는 단호했다.

"엄마 얼굴 다시 보고 싶지 않은 게 아니라면 빨리 따라와!"

"엄마……."

"너 정말 엄마가 이성을 잃는 거 보고 싶니?"

"아아……!"

절망적인 신음을 흘리는 리사의 뒤쪽에서 선재의 착 가라앉은 목소리가 들렸다.

"그만 가보도록 해."

"선재야……."

선재가 부러 냉담하게 말했다.

"난 지금 아빠의 문제만으로도 머리가 터질 지경이야. 그러니까 제발 사모님을 따라서 돌아가 줘."

"선재야, 어떻게 그런 말을……?"

리사는 너무 섭섭해서 눈가에 다시 눈물이 맺혔다. 성 여사가 그런 리사의 팔을 와락 붙잡았다.

"심지어 선재도 네가 귀찮다고 하지 않니? 그만 돌아가자!"

이번만은 리사도 성 여사의 손을 뿌리치지 못했다. 온몸의 힘이 쭉 빠지는 것을 느끼며 리사는 성 여사에게 끌려갔다.

"선재야."

강 사장이 선뜻 돌아서지 못하고 선재의 이름을 불렀다. 선재가 그런 강 사장을 향해 애써 웃어보였다.

"걱정 마세요, 사장님. 전 괜찮아요."

"그래, 혹시라도 무슨 일 생기면 바로 연락하고."

"네, 여러 가지로 고맙습니다."

머리 숙여 인사하는 선재를 보며 강 사장은 마음이 아팠다. 사실 그는 선재가 얼마나 사려 깊은 아이인지 잘 알고 있었다. 리사와 선재가 좋은 친구로 지내면 좋겠다고 생각한 적도 있었다. 하지만 완고한 성 여사 때문에 그도 마음을 바꿀 수밖에 없었다. 아내가 딸을 위해 얼마나 많은 것을 포기했는지 잘 알고 있었으므로.

"그래, 고생해라."

강 사장이 애써 미소 지으며 차마 떨어지지 않는 걸음을 옮겼다. 리사의 모습이 복도 저편으로 완전히 사라질 때까지 선재는 시선을 떼지 못했다. 리사의 모습이 완전히 시야에서 사라지자 선재가 의자에 털썩 주저앉으며 중얼거렸다.

"리사야, 미안해. 하지만 널 위해서라도 이렇게 할 수밖에 없었어."

"네 방에서 한 발자국도 나오지 마! 식사도 방에서 하고, 화장실도

방에 딸린 욕실을 이용하도록 해. 한 번만 더 엄마의 말을 어기기만 해. 그땐 정말 널 내 딸로 여기지 않을 테니까."

집으로 돌아오자마자 성 여사는 리사를 방에 가둬 버렸다.

쿠웅!

엄마가 방문을 거칠게 닫고 나가자마자 리사는 침대 위로 쓰러졌다. 그리고 참았던 눈물을 쏟아냈다.

"엄마 미워! 선재도 미워! 다들 왜 나한테만 그러는지 모르겠어."

서러운 눈물을 뚝뚝 흘리는 리사의 눈에 침대 모서리에 놓여 있는 '세기의 로맨스' 양장본 책이 들어왔다. 리사가 손을 뻗어 책을 끌어당겼다. 책장을 펼치며 리사가 나직이 중얼거렸다.

"그러고 보니 어느새 마지막 장까지 왔구나. 마지막 장의 제목이 '덕혜옹주와 소 다케유키?' 덕혜옹주는 들어본 것도 같은데, 소 다케유키는 대체 누구지?"

책장을 몇 장 넘기던 리사는 어느새 마음이 조금씩 진정되는 것을 느꼈다. 섭섭함이 사라지자 리사는 선재의 마음을 이해할 수도 있을 것 같았다.

"그 상황에서 선재도 정신이 없었겠지? 그리고 내가 걱정되기도 했을 거야. 그나저나 선재 혼자 얼마나 무섭고 힘이 들까?"

리사가 책을 꼭 끌어안으며 뒤쪽 창문을 힐끗 돌아보았다. 창문까지 가지가 닿아 있는 나무를 타고 내려가면 엄마한테 들키지 않고 빠져나갈 수도 있을 것 같았다.

"그랬다간 엄마가 또 병원으로 쫓아올 테고, 그럼 진짜 무슨 일이 벌어질지 몰라."

리사가 동그란 어깨를 축 늘어뜨리며 한숨을 푹 쉬었다. 가슴이 너무 답답해서 리사는 책을 들고 벌떡 일어섰다.

"선재 혼자 둘 수는 없는데 어쩌지? 어떡하면 좋지?"

리사가 마음의 갈피를 잡지 못하고 방안을 빙글빙글 맴돌았다. 결심을 굳힌 리사가 창문을 향해 급히 걸어갔다.

"그래, 나중 일은 나중에 생각하고 일단 집에서 탈출부터 하자. 적어도 오늘 밤만은 선재 곁에 있어줘야 해."

똑똑!

"!"

창문을 열려던 리사는 노크소리에 소스라치게 놀랐다.

"으아앗!"

전속력으로 침대로 달려간 리사가 몸을 부웅 날렸다. 이불을 확 뒤집어쓰며 리사가 더듬거렸다.

"누, 누구세요?"

"리사야……?"

방문을 열고 들어온 사람은 찬영이었다.

"찬영이구나."

리사가 반갑고 미안한 마음에 배시시 웃으며 몸을 일으켰다. 찬영이 침대에 걸터앉으며 걱정스럽게 물었다.

"어디가 아픈 거야? 네가 그렇게 돌아가 버려서 우리 아빠와 엄마도 걱정하고 계셔."

"정말 미안해. 회장님과 사모님께도 꼭 죄송하다고 전해드려."

"대체 무슨 일이 있었던 거야?"

"으음……."

찬영의 새카만 눈동자를 들여다보며 망설이던 리사는 솔직하게 고백하기로 했다.

"실은 선재의 아빠가 몹시 안 좋으셔. 의사 선생님 말씀이 오늘 밤이 고비가 될 거라고 하셨어."

"아! 그래서 그렇게 서둘렀던 거구나?"

"미안해, 찬영아."

"……."

리사의 얼굴을 물끄러미 보던 찬영이 불쑥 말했다.

"지금이라도 선재한테 가고 싶어?"

"응?"

"솔직하게 말해도 괜찮아."

"그게……, 선재가 너무 가여워서……."

입술을 파르르 떠는 리사의 눈가에 물기가 어렸다. 찬영이 싱긋 웃으며 리사의 뺨을 가볍게 건드렸다.

"걱정 마. 내가 어떻게든 해볼 테니까."

"찬영이 네가 어떻게?"

"내가 어머니께 너랑 같이 바람 좀 쐬고 싶다고 말씀드려 볼게. 아직 초저녁이니까 가능할 거야. 대신 병원에 잠깐 들렀다가 바로 돌아온다고 약속해야 해."

"찬영아, 정말 고마워."

리사가 찬영의 손을 덥석 잡았다.

"아무리 찬영이 너의 부탁이라도 안 되겠다. 리사는 지금 벌을 받고 있는 중이거든."

강 사장과 소파에 앉아 있던 성 여사가 확고한 목소리로 말했다. 하지만 찬영이도 포기하지 않았다.

"잠깐 바람만 쐬고 돌아올게요, 리사의 기분이 너무 우울해서 풀어주려고 그래요."

"글쎄, 안 된다니까."

그때까지 침묵을 지키고 있던 강 사장이 불쑥 끼어들었다.

"그러지 말고 보내줍시다. 사실 오늘 찬영이가 우리 때문에 고생을 많이 했잖아."

"그러다 또 병원으로 달려가면 어떡해요?"

강 사장이 찬영이에게로 시선을 옮겼다.

"찬영아, 리사가 병원에 가지 못하게 해줄 거지?"

"그건……."

당황하는 찬영을 향해 강 사장이 성 여사가 알아차리지 못하도록 한쪽 눈을 찡긋했다. 강 사장의 마음을 알아차린 찬영이 씩씩하게 대답했다.

"넵! 걱정 마십시오!"

"좋아, 그럼 다녀오너라."

"하지만 여보!"

눈을 치켜뜨는 성 여사를 강 사장이 설득했다.

"당신은 평소에 찬영이를 믿는다고 입버릇처럼 말해오지 않았어? 이제는 더 이상 찬영이를 믿지 못하게 된 건가?"

"그런 건 아니지만……."

"그러니까 보내주잔 말이오."

"으음……."

못 마땅한 눈초리로 찬영과 나란히 서 있는 리사를 째려보던 성 여사가 마지못해 고개를 끄덕였다.

"병원으로 가지 말고 바람만 쐬고 바로 들어와야 한다."

"네에……."

집 밖으로 나오자마자 리사는 찬영과 함께 병원으로 향했다. 엄마에겐 진심으로 미안했지만 그렇게 하지 않을 수가 없었다. 중환자실로 향하던 두 사람은 선재의 아빠가 누워 있는 침대를 급하게 밀고 가는 담당 선생님과 간호사들과 마주쳤다. 선재도 침대를 쫓으며 눈물을 글썽이고 있었다. 찬영과 함께 침대를 잡고 달음박질치며 리사가 물었다.

"선재야, 어떻게 된 거야?"

"아빠의 상태가 더 안 좋아져서 지금 집중치료실로 옮기는 중이야!"

"아, 어떡하면 좋아."

"선재야, 힘을 내."

찬영도 위로했지만 선재의 귀에는 들리지 않는 것 같았다.

"간호사! 혈압 체크해!"

"혈압이 계속 떨어지고 있습니다!"

"체온은?"

"체온도 함께 떨어집니다!"

"환자의 기도 확보하고 삽관 준비해!"

"환자 기도 확보! 삽관 준비!"

유리창을 통해 집중치료실에서 선재의 아빠를 살리려고 땀을 뻘뻘 흘리는 의사 선생님들과 간호사들을 볼 수 있었다. 여러 사람이 노력하고 있음에도 불구하고 선재 아빠의 상태는 급격히 악화되는 듯했다. 심장박동을 표시하는 그래프의 실선이 점차 희미해지고 있었다. 선재는 주먹을 와락 움켜쥔 채 뚫어져라 아빠를 보고 있었다. 선재가 간신히 버티고 있는 것 같아 리사는 감히 건드릴 수조차 없었.

'아, 선재 아빠는 결국 이렇게 돌아가시게 되는 걸까? 그럼 선재는 어떻게 되는 거지? 가족이라곤 아빠뿐인 선재는 앞으로 어떻게 살아

가야 하는 걸까?'

불길한 생각이 먹물처럼 번져 리사는 숨을 헐떡였다. 지독한 무력감이 리사의 온몸을 휘감았다. 이렇게 유리창 너머에서 지켜보기만 할 뿐, 선재의 아빠를 위해 어떤 도움도 줄 수가 없다는 게 답답했다. 리사가 문득 옆구리에 끼고 있는 '세기의 로맨스'를 힐끗 보았다. 집에서부터 정신없이 달려오느라 책을 놓고 온다는 걸 깜빡했던 것이다.

'이럴 때 네가 기적이라도 일으켜주면 얼마나 좋을까. 평소에는 그렇게 시공간을 마음대로 넘나들면서 지금은 왜 아무런 반응조차 없는 거야.'

리사가 고풍스런 양장본 표지를 들여다보며 속으로 중얼거렸다.

"가만!"

순간 리사의 머리로 한 가지 생각이 퍼뜩 스치고 지나갔다.

"선재의 아빠를 살리려면 기적이 필요하다고 했지?"

기적이란 말을 떠올리자 과거로의 시간여행이 떠올랐다. 시간여행도 분명 기적같은 일이었다. 그럼 이 기적을 가능하게 해준 사람이라면 선재 아빠에게도 기적이 일어나게 해줄 수 있지 않을까?

"내게 책을 선물했던 그 할아버지!"

리사가 맨 처음 자신에게 책을 선물했던 수염이 성성한 할아버지를 떠올리며 눈을 크게 떴다. 이상하게도 비현실적인 느낌을 풍겼던 결코 평범하지 않은 할아버지. 그 할아버지를 만나 부탁한다면 틀림

없이 도움을 줄 것만 같았다. 거기까지 생각이 미치자 리사는 지체 없이 돌아서서 뛰기 시작했다.

"리사야! 갑자기 어디 가는 거야?"

찬영이 리사를 헐레벌떡 쫓아갔다.

선재가 눈물이 그렁한 눈으로 리사의 뒷모습을 바라보았다.

"리사, 나 무서워, 나를 혼자 버려두고 가지 말아줘……."

"헉…… 헉헉……."

리사는 숨을 헐떡이며 어둠이 점차 짙어지는 집 근처의 골목을 뛰어다니는 중이었다. 찬영도 헐떡이며 리사에게 물었다.

"리사! 대체 왜 이래? 뭘 찾고 있는 거냐고?"

"헌책장수 할아버지!"

"헌책장수라고?"

"그래, 바로 나한테 이 '세기의 로맨스'를 선물한 할아버지야."

"그 할아버지를 왜 찾는 건데?"

"그 할아버지에게 부탁하면 선재 아빠가 살아날 수 있도록 도와줄 것 같아서."

"뭐라고?"

찬영이 황당하다는 표정을 지었다. 리사가 선재를 걱정한 나머지 머리가 조금 이상해진 것은 아닌지 걱정될 지경이었다. 하지만 찬영은 더 이상 묻지 않기로 했다. 어쨌든 리사가 이렇게 애타게 찾고 있

을 때는 분명 그만한 이유가 있을 것이라고 생각했기 때문이다.

"후욱…… 후욱……."

"허억…… 허어억……."

두 친구는 온몸이 땀투성이가 될 때까지 골목 구석구석을 뒤지며 헌책을 팔고 있는 할아버지를 찾았다. 하지만 어디에서도 그런 할아버지의 모습은 발견되지 않았다.

"하아아, 역시 어디론가 멀리 가 버리셨나봐."

한참만에야 걸음을 멈추고 리사가 땅이 꺼져라 한숨을 내쉬었다. 찬영이 실망하는 리사를 달랬다.

"너무 걱정하지 마. 며칠이고 계속 찾다보면 언젠간 만나게 될 거야."

"며칠 후엔 찾아봤자 소용없어!"

"!"

리사가 빽 소리치자 찬영이 움찔했다.

"선재 아빠는 오늘 밤을 못 넘길 수도 있어. 그러니까 오늘 밤 안에 반드시 찾아야 한단 말이야."

"하지만 아무리 찾아봐도 보이질 않는 걸?"

"후우우……! 이 책에게 더 이상의 기적을 바라는 건 역시 무리인 걸까? 과거로 가서 많은 사람들을 도왔지만 결국 현실에서 진짜 친구는 도와줄 수가 없구나."

리사가 절망적으로 중얼거릴 때, 귀에 익은 목소리가 들려왔다.

"허허! 혹시 날 찾고 있는 게냐?"

고개를 휙 돌린 리사의 눈이 커다래졌다.

"하, 할아버지!"

노인은 처음 만났을 때처럼 허름한 차림이었다. 산신령을 연상시키는 수염과 어둠 속에서 빛을 발하는 눈동자도 그대로였다.

"꺅! 드디어 찾았다!"

너무 반가운 마음에 리사가 환호성을 질렀다. 찬영이 그런 리사를 보며 고개를 갸웃했다.

"아무도 안 보이는데, 누가 있다는 거야?"

"저기 저 할아버지! 찬영이 네 눈엔 안 보여?"

"대체 뭐가 있다는 거야?"

"헐! 바로 저기 있는 사람이 안 보인다는 거야?"

기가 막힌 듯 할아버지와 찬영의 얼굴을 번갈아 보던 리사는 침착해지려고 노력했다.

'원래 이 책을 통해 과거로 여행한다는 것 자체가 불가능한 일이야. 찬영이가 저 할아버지를 보지 못하는 것도 이상하다고 생각하면 안 돼.'

리사가 아직도 두리번거리는 찬영을 향해 싱긋 웃었다.

"찬영아, 여기서 잠깐 기다려줘."

"응? 어딜 가려고?"

"잠깐 저기 저 담장까지만 갔다올게."

리사가 할아버지가 헌책들을 펼쳐놓고 앉아 있는 담장을 가리키자, 찬영이도 같은 방향을 쳐다보며 고개를 갸웃했다.

"저긴 아무것도 없는데 대체 왜?"

"잠깐이면 돼."

리사가 찬영이를 안심시키며 담장을 향해 걸어갔다.

"오늘따라 리사가 정말 이상하네?"

왠지 불안해진 찬영이 눈을 크게 뜨고 리사의 뒷모습을 지켜보았다.

"안녕하세요, 할아버지?"

"그래, 그런데 왜 나를 찾았니? 혹시 책을 사려고?"

"제 얼굴 기억나지 않으세요?"

할아버지가 고개를 갸웃했다.

"글쎄다……."

"저한테 이 책을 선물하셨잖아요."

리사가 '세기의 로맨스'를 내밀었다. 양장본 책 표지를 물끄러미 보던 할아버지의 입가에 미소가 떠올랐다.

"그래, 기억이 나는구나. 네 이름이 강리사였지, 아마?"

"네, 맞아요. 그동안 안녕하셨죠?"

"오냐, 덕분에 잘 지냈다."

고개를 끄덕이며 할아버지가 리사의 눈을 유심히 보았다.

"흐음, 그런데 이번엔 무언가 부탁이 있어서 온 것 같구나?"

"어떻게 아셨어요?"

역시 보통 할아버지가 아니라고 생각하며 리사가 절박하게 말했다.

"실은 선재의 아빠가 몹시 편찮으세요. 의사 선생님께선 기적이 필요할지도 모른다고 까지 말씀하셨어요. 그래서 저는……."

"나라면 혹시 기적을 일으킬 수 있을지도 모른다고 기대하며 찾아 왔겠구나?"

"그, 그건 또 어떻게 아셨어요?"

눈이 휘둥그레지는 리사를 보며 할아버지가 유쾌하게 웃었다.

"허허허! 할아버지는 네가 생각하는 것보다 훨씬 많은 일들을 알고 있단다."

"그럼 선재도 도와주실 수 있죠? 선재 아빠에게 기적이 일어나도록 해주실 수 있는 거죠?"

할아버지의 얼굴에서 웃음이 사라졌다.

"리사야."

"네, 할아버지."

"내가 왜 네게 '세기의 로맨스'를 선물했는지 알고 있니?"

"……."

리사는 말문이 막혀 버리고 말았다. 사실 여러 번의 여행을 거치며 늘 그것이 궁금했었다. 하지만 리사는 아직도 해답을 찾지 못한 상태였다. 리사는 솔직하게 고백하기로 했다.

"저도 오랫동안 그 의문을 풀려고 노력했어요. 하지만 아직도 답을 찾아내지 못했어요."

"정말 아쉽구나. 나는 지금쯤이면 네가 답을 찾았을 거라고 생각했는데.”

할아버지가 진심으로 아쉬운 표정을 짓자, 리사는 무슨 큰 잘못이라도 저지른 기분이 들었다. 리사가 할아버지를 향해 고개를 꾸벅 숙이며 사과했다.

“죄송해요, 할아버지.”

“아니, 나한테 미안할 필요는 없단다. 다만, 네가 답을 찾기 전에는 나도 선재를 도와줄 수가 없을 것 같구나.”

“네에? 그게 무슨 말씀이세요?”

“세상의 모든 일에는 대가가 따른단다. 기적을 일으키려면 그에 합당한 대가가 필요한 법이지. 리사 네가 과거로의 여행을 거듭하면서 조금씩 마음이 자라고, 그로 인해 다시 새로운 여행을 떠날 힘이 생기는 것처럼 말이야.”

“네에……”

무슨 말인지 정확히 알아들을 순 없었지만 리사는 고개를 끄덕였다. 다른 건 몰라도 여행을 거듭하면서 마음속에 무언가 차곡차곡 쌓이는 느낌은 받았기 때문이다.

“이제 거의 다 왔단다. 이 할아버지가 왜 네게 ‘세기의 로맨스’를 선물했는지. 이제 곧 시작될 마지막 여행을 통해 그 해답을 알게 된다면 할아버지도 네가 바라는 기적을 일으키도록 해보마.”

“네! 해볼게요, 할아버지!”

“허허! 리사라면 당연히 그렇게 말할 줄 알았다.”

후우우웅------!

동시에 '세기의 로맨스' 양장본 책 표지에서 빛이 눈부시게 뿜어지기 시작했다. 인자하게 웃고 있는 할아버지의 얼굴과 리사의 얼굴이 환하게 물들었다. 할아버지가 마치 축복을 내리듯 리사를 향해 손을 흔들며 말했다.

"자, 이제 마지막 여행이다. 부디 무사히 여행을 마치고 원하는 해답을 얻어서 돌아오길 바란다."

"네, 할아버지! 꼭 해낼게요!"

확고한 표정으로 고개를 끄덕이는 리사의 모습이 빛과 함께 현실세계에서 홀연히 사라져 버렸다.

"으아앗!"

찬영은 눈을 비비며 몇 번이나 같은 지점을 쳐다보고 있었다. 방금 전까지 담장 앞에 쪼그리고 앉아 무슨 말인가를 혼자 중얼거리던 리사의 모습이 연기처럼 사라져 버렸기 때문이다. 담장 앞으로 달려간 찬영은 두 손으로 벽을 더듬어보기도 하고, 고개를 숙이고 담장 밑을 살피기도 하고, 심지어 담장 위로 올라가 그 너머까지 샅샅이 살피기도 했다. 하지만 리사의 모습은 어디에서도 찾을 수가 없었다.

"귀신이 곡할 노릇이야. 방금 전까지 분명 여기에 있었는데 하늘로 올라간 거야, 아니면 땅으로 꺼진 거야?"

놀라서 눈이 두 배로 커진 찬영이가 중얼거렸다.

2
말괄량이 옹주 덕혜와의 만남

　리사는 눈을 질끈 감고 서 있었다. 어디선가 시원한 바람 한 줄기가 불어와 리사의 머리카락을 흔들었다. 바람결에 달콤한 배꽃향기가 풍겨왔다. 천천히 눈을 뜨며 리사는 저도 모르게 감탄사를 발했다. 화사한 봄볕 아래 하얀 배꽃이 사방에 흐드러지게 피어 있었던 것이다.
　"아! 예쁘기도 해라."
　리사는 고풍스런 전각들로 에워싸인 아름다운 정원 한복판에 서 있었다. 그런데 추녀마루가 하늘을 향해 완만한 곡선을 그리며 뻗쳐 올라간 전각들은 굉장히 눈에 익었다.
　"대체 이곳이 어디지? 그런데 여기 과거가 맞긴 맞는 거야? 꼭 우리나라의 경복궁이나 창덕궁이랑 비슷하게 생겼네."

리사는 자신이 경복궁이나 창덕궁에 소풍이라도 나와 있는 듯한 착각에 빠졌다. 하지만 자신은 분명 할아버지와 대화를 나누다가 과거로의 여행을 떠나지 않았는가.

"이상하다, 정말 이상해……."

연신 고개를 갸웃거리는 리사의 등 뒤에서 웬 여자아이의 목소리가 들려온 것은 그때였다.

"경복궁은 아니고 창덕궁에 와 있는 게 맞아."

"누, 누구?"

깜짝 놀라 돌아서는 리사 앞에 한복을 곱게 차려입은 또래의 여자아이가 눈을 빛내며 서 있었다. 소녀의 선명한 눈동자는 그녀가 얼마나 총명한지를 알려주고 있었다. 게다가 기품이 흐르는 한복과 단아하게 빗어 넘긴 댕기머리는 그녀가 고귀한 신분임도 말해주었다. 오똑한 콧날과 도톰한 입술 그리고 완벽한 달걀형인 소녀의 얼굴은 귀엽고도 사랑스러웠다.

"얘, 너는 누구니?"

"……."

리사가 물었지만 소녀는 못 마땅한 듯 미간을 살짝 찌푸린 채 대답이 없었다. 리사가 좀 더 친근하게 물었다.

"내 이름은 리사라고 해. 미안하지만 네가 누구고, 이곳이 언제 어디인지 말해줄 수 있겠니?"

소녀가 분하다는 듯 입술을 질끈 깨물었다.

"왜놈들이 나라를 빼앗고, 왕실을 핍박하니 이제 너 같은 백성들도 나를 업신여기는구나."

"그, 그럼 이곳이 설마?"

눈이 휘둥그레지는 리사를 향해 소녀가 쏘아붙였다.

"이곳은 1925년 순종 황제폐하께서 거하시는 창덕궁이고, 나는 선대 고종 폐하의 딸이자 순종 폐하의 동생인 덕혜옹주라고 한다."

"아아, 네가 바로 덕혜였구나!"

얼마 전에 읽은 '세기의 로맨스' 마지막 장을 떠올리며 리사가 고개를 크게 끄덕였다. 덕혜옹주가 그런 리사를 다시 째려보았다.

"또, 또 반말!"

자신 또래의 덕혜옹주에게 존댓말을 하는 것이 억울했지만 리사는 어쩔 수 없이 말을 높일 수밖에 없었다.

"죄, 죄송해요 옹주마마. 앞으론 조심할게요."

"흥! 진작 그렇게 나올 것이지. 그런데 넌 누구기에 이 창덕궁 안을 함부로 돌아다니고 있는 거니?"

"그러니까 내가 누구냐면……."

선뜻 답하지 못하는 리사의 모습을 위아래로 훑던 덕혜옹주가 추궁조로 말했다.

"차림새도 어째 좀 일본스럽고……, 혹시 일본놈들의 첩자는 아니겠지?"

"에이! 그럴 리가 없잖아?"

"없잖아……?"

"어, 없잖아요."

억울한 표정으로 말하는 리사의 얼굴을 쏘아보던 덕혜옹주가 피식 웃었다.

"하긴 너처럼 여기가 어딘지도 모르는 멍청한 아이가 첩자일 리가 없겠지."

"헐! 저 멍청하지 않거든요!"

"그러니까 왜 창덕궁 중에서도 나와 어머님의 처소인 이 관물헌까진 어떻게 들어왔느냐고?"

리사가 될 대로 되라는 식으로 빽 소리쳤다.

"시, 실은 궁녀가 되고 싶어서 왔다가 길을 잃었어요!"

의심 많은 덕혜옹주도 의외로 믿는 눈치였다.

"흐음……, 얼마 전부터 이왕직에서 새 궁녀들을 뽑는다고 설치더니만, 그것 때문에 온 모양이군?"

"하하! 그, 그렇다니까요. 그런데 이왕직이 무슨 일을 하는 곳인가요?"

덕혜옹주의 눈가에 은은한 분노가 스치고 지나갔다.

"이왕직은 일본이 우리 이씨 왕조를 관리하기 위해 설치한 관청이야. 왕실의 의전이나 제사, 재산 관리 등을 책임지고 있지."

"그럼 왕실을 돕기 위한 관청 아닌가요?"

"흥! 이왕직 장관인 민영기는 유명한 친일파고, 실무를 담당하는 차관은 고쿠분 쇼타로인데도?"

그제야 알아들은 듯 리사가 고개를 끄덕였다.
"아! 결국 왕실을 감시하기 위한 관청이라고 보면 되겠군요."
"그렇지! 리사 너 은근 마음에 든다?"
"헤헤! 이 정도를 가지고 뭘요~"
"따라와 봐."
"어딜 가시게요?"
앞장서 걸음을 옮기는 덕혜옹주를 리사가 헐레벌떡 따라갔다.

덕혜옹주가 향한 곳은 순종 황제의 집무실인 희정당 근처에 위치한 이왕직이었다. 이왕직 입구엔 착검한 총을 든 병사들이 삼엄하게 지키고 있었다. 덕혜옹주를 발견하자 절도 있게 거수경례를 붙이는 병사들을 힐끔거리며 리사가 물었다.
"저 병사들은 무슨 병사들이에요?"
"왕실을 지키는 병사들이야."
"아, 그럼 우리 편이군요?"
"우리 편?"
실소를 흘리는 덕혜옹주를 리사가 눈을 동그랗게 뜨고 돌아보았다.
"왜요? 아니에요?"
"저 병사들이 조선인인 건 맞아. 하지만 저들을 지휘하는 건 일본군 장교들이지. 결국 일본 군대와 크게 다를 게 없다는 뜻이야."
"그렇군요."

리사가 낙담한 표정으로 어깨를 축 늘어뜨렸다. 몰락한 조선 왕조의 단면을 보는 것 같아 가슴이 아팠다. 그러다 갑자기 화가 치민 리사가 주먹을 붕붕 휘둘렀다.

"못된 일본놈들! 내게 힘이 있다면 몽땅 한 주먹에 쓰러뜨려 버렸을 텐데!"

"너 그런 말 함부로 하다가 끌려간다."

"흥! 끌고 가려면 끌고 가라죠. 이래봬도 일본놈들한테 모진 고문을 받으면서도 끝까지 대한독립 만세를 외친 유관순 열사를 가장 존경한다구요!"

"유관순이 누군데?"

"그, 그런 용감했던 분이 있어요. 하하…!"

"흐음…!"

"역시 내가 잘 생각한 거 같아."

"네? 무슨 말씀이세요?"

"네 눈을 보고 알았지. 리사가 강직한 아이란 사실을 말이야."

"……?"

"나는 이왕직 장관에게 부탁해서 리사를 나를 보필하는 궁녀로 삼아달라고 할 생각이야."

"저, 정말요?"

"응! 이 창덕궁에는 정말이지 믿을만한 사람이 드물거든. 그러니까 리사는 나의 궁녀가 되면 평생 나를 배신하면 안 돼. 약속할 수 있겠지?"

"약속하고 말고요."

"좋아, 그럼 가자!"

덕혜옹주가 리사의 손을 잡아끌며 커다란 전각 안으로 들어갔다.

"흐음, 이 아이를 옹주님이 기거하시는 관물헌의 궁녀로 삼고 싶다고요?"

이왕직 장관 민영기는 널찍한 책상 너머에 앉아 거드름을 피우며 말했다. 그는 자신이 모시는 상전이 분명한 옹주가 들어왔는데도 자리에서 일어설 생각도 하지 않았다. 옹주가 화를 참는 표정으로 말했다.

"그래요."

배가 불룩한 중년의 친일파 장관이 눈을 가늘게 뜨고 리사의 모습을 위아래로 훑었다.

"이 아이는 대체 누굽니까?"

"리사라고……, 내가 다니고 있는 경성 일출 심상소학교에서 함께 공부하는 친구에요. 얼마 전에 가정 형편이 급격히 어려워져서 제게 특별히 궁녀로 삼아달라는 부탁을 했지요."

"흐음……, 리사라고?"

민영기의 기분 나쁜 시선을 받으며 리사가 고개를 끄덕였다.

"네, 장관님."

리사와 덕혜옹주의 얼굴을 번갈아 바라보던 민영기가 고개를 흔들었다.

"죄송하지만 옹주님, 그건 좀 힘들 거 같군요."

"어째서요?"

"옹주님도 아시다시피 요즘 왕실의 예산이 빠듯합니다. 그래서 궁녀 한 명, 한 명도 매우 신중하게 뽑고 있지요. 이런 상황에서 근본도 모르는 천한 아이를 궁녀로 받아들일 수는 없습니다."

"그, 근본도 모르는 천한……?"

리사가 발끈하려는데, 덕혜옹주가 먼저 소리를 질렀다.

"이 아이는 근본도 모르는 천한 아이가 아니라고요! 이 아이는 조선의 옹주인 나 덕혜의 친구라고요!"

"호오, 그러십니까?"

민영기가 눈 하나 깜빡하지 않고 비릿하게 웃었다. 그가 안락의자에 등을 묻으며 덕혜옹주를 지그시 바라보았다.

"그래서 뭐 어쩌라는 겁니까? 설마 망해 버린 왕조의 권위를 앞세워 대일본 일황의 충직한 신하인 저를 협박하시려는 건 아니겠지요?"

덕혜옹주가 더 이상 참지 못하고 분통을 터뜨렸다.

"당신이 왜 일황의 신하야? 당신은 우리 순종 폐하의 신하라고!"

민영기가 씩씩대는 덕혜옹주 쪽으로 얼굴을 내밀며 씨익 웃었다.

"저런, 옹주님은 아직도 큰 착각에 빠져 계신 것 같군요. 조선은 이미 망했습니다. 따라서 조선 왕실도 일본 왕실의 신하일 뿐입니

다. 그러니 저 역시 일황의 신하인 게 당연하지 않습니까?"

"민영기, 이 매국노!"

콰악!

민영기에게 달려드려는 덕혜옹주의 팔을 리사가 붙잡았다. 그리고 옹주의 귀에 대고 속삭였다.

"옹주님, 참으세요. 저런 왕싸가지와 싸워봤자 옹주님만 손해라고요."

"으윽!"

옹주가 분을 이기지 못하고 부들부들 떨고 있을 때, 등 뒤에서 누군가의 여유로운 목소리가 들렸다.

"웬만하면 옹주님의 뜻대로 해주시죠."

"!"

덕혜옹주와 리사가 동시에 고개를 돌렸다. 단정한 슈트 차림에 동그란 안경을 쓴 젊고 샤프한 남자가 다가오는 게 보였다. 그때까지 붙박인 듯 의자에 앉아 있던 민영기가 용수철처럼 튀어 일어났다.

"쇼타로 상!"

쇼타로라고? 분명 어디서 들어본 이름인데? 고개를 갸웃거리는 리사의 옆에서 덕혜옹주가 긴장된 목소리로 중얼거렸다.

"고쿠분 쇼타로! 이왕직의 일본인 차관이야."

"아하!"

쇼타로가 덕혜옹주에게 다가와 정중하게 머리를 숙였다.

"옹주마마, 오랜만에 뵙겠습니다."

"그래요. 오랜만이군요."

리사가 보기에 쇼타로란 남자는 민영기보다는 훨씬 예의가 발랐다. 적어도 그는 덕혜옹주를 조선의 왕족으로 존중하고 있는 듯했다. 그 증거로 쇼타로가 민영기를 다시 한 번 설득했다.

"어떻습니까, 장관님? 옹주께서 이렇게까지 원하고 계시지 않습니까?"

"하, 하지만 이왕직에도 나름의 절차라는 게 있어서요."

"방금 뭐라고 했소?"

예의 바른 미소를 머금고 있던 쇼타로의 입가에서 웃음기가 순식간에 사라졌다.

"어차피 그 절차라는 것도 내가 만들어준 것이 아니오?"

"아하하! 생각해보니 그렇군요."

"더 이상 귀찮게 하지 말고 이 아이를 궁녀로 채용하시오."

"아, 알겠습니다."

조선인 장관인 민영기가 일본인 차관인 쇼타로에게 꼼짝도 못하는 모습을 보고 리사는 새삼 일본의 위세를 실감할 수 있었다. 쇼타로가 다시 정중하게 미소를 지으며 덕혜옹주를 보았다.

"옹주님, 이제 만족하십니까?"

"고마워요, 차관."

"별 말씀을요. 앞으로도 불편하신 점이 있으면 이 쇼타로를 찾아 주십시오."

"그렇게 하도록 하죠. 가자, 리사."

덕혜옹주가 리사와 함께 서둘러 이왕직 사무실을 빠져나갔다. 쇼타로와 나란히 서서 옹주의 뒷모습을 보던 민영기가 볼멘소리로 말했다.

"대체 왜 옹주의 부탁을 들어주신 겁니까?"

"내버려두시오. 어차피 이 땅에서 제멋대로 사는 것도 얼마 남지 않았소."

"그게 무슨……?"

"………."

민영기가 의아한 표정을 지었지만 쇼타로는 답하지 않았다.

잠시 후, 리사는 옹주를 따라 관물헌의 처소로 들어서고 있었다. 기다란 전각을 따라 여러 개의 방들이 보였다. 옹주가 섬돌 위에 신을 벗어던지고 대청마루로 뛰어올라가며 소리를 질렀다.

"어머니! 어머니! 덕혜가 왔습니다!"

"오, 옹주가 왔구나!"

그러자 안쪽의 여닫이가 열리며 한복을 곱게 차려입은 단아한 인상의 부인과 나이 지긋한 두 상궁이 나왔다. 부인이 옹주를 꼭 끌어안고 머리를 쓰다듬어 주었다.

"그래, 오늘 학교에선 재미있었고?"

"네, 아주 즐거웠어요."

"그런데 저 아이는 누구니?"

부인의 시선이 자신에게로 향하자, 리사는 옷매무시를 바로 하며 고개를 숙였다.

"안녕하세요? 저는 리사라고 합니다."

"오, 그래. 아주 예쁘게 생겼구나? 리사는 혹시 우리 옹주의 친구니?"

"그게 아니라……."

머뭇거리는 리사를 대신해 덕혜옹주가 냉큼 말했다.

"리사는 오늘부터 나를 시중드는 궁녀로 채용된 아이에요."

"그래? 이왕직에서 새로운 궁녀를 뽑아주었단 말이지?"

"그렇다니까요."

부인이 리사의 모습을 위아래로 살피며 말했다.

"나는 덕혜옹주의 생모인 양귀인이라고 한단다. 앞으로 우리 옹주를 잘 부탁하마."

"네, 최선을 다하겠습니다."

"그런데 네 차림새가 조금 이상하구나. 오늘부턴 너도 여기 상궁들처럼 한복을 입도록 하여라."

"잘 알겠습니다, 귀인마마."

"리사, 내 옷을 빌려줄 테니 방으로 가자!"

"네? 아, 네."

덕혜옹주에게 손이 끌려가며 리사가 양귀인과 상궁들을 향해 머리를 꾸벅 숙였다.

덕혜옹주의 방은 관물헌 맨 끝자락에 있었다. 겉모습은 한옥이었지만 새롭게 꾸며진 방안에는 화장대와 테이블과 침대 등 신식가구들이 배치되어 있었다.

"자, 여기서 한 번 골라봐."

옹주가 옷장을 열어젖히자 수십 벌의 한복과 일본 기모노와 하카마가 잔뜩 걸려 있었다. 리사가 분홍저고리와 남색치마를 고르자, 덕혜옹주가 마음에 드는 듯 씨익 웃었다.

"오! 제법 봄날에 어울리는 화사한 색상을 골랐구나. 어서 입어보도록 하렴."

"네, 알겠어요."

리사는 옹주의 재촉에 따라 옷을 갈아입었다. 치마저고리를 입고 전신거울 앞에 서는 리사의 표정은 밝았다.

'흐음, 한복도 잘 어울리는군."

희미하게 미소 짓는 리사의 등 뒤에서 얼굴을 내밀며 덕혜옹주가 너스레를 떨었다.

"너 설마 스스로의 모습에 반한 거니? 그런 거야?"

"그, 그런 거 아니거든요."

"아니긴 뭐가 아니야? 그런데 얼굴은 왜 빨개지니?"

"제, 제가 언제 얼굴이 빨개졌다고 그러세요?"

"꼭 잘 익은 홍시처럼 낯빛이 변했는데 아니라고 우기는 거야?"

"진짜 아니거든요!"

"!"

리사가 버럭 고함을 지르자, 덕혜옹주의 안색이 핼쑥해졌다. 옹주가 눈물까지 글썽이며 떨리는 소리로 말했다.

"너 지금 나한테 소리 지른 거니? 리사 너 이제보니 무서운 아이구나, 응?"

"오, 옹주님 저는 그런 게 아니고요……."

당황하여 더듬거리는 리사를 가리키며 덕혜옹주가 까르르 웃었다.

"우헤헤헤! 얘가 진짜 순진하네! 앞으로 제법 놀려먹는 재미가 있을 것 같은데?"

"아 진짜! 옹주님!"

3
포로가 되어 현해탄을 건너다

　덕혜옹주와 리사는 곧 친한 친구와 같은 사이가 되었다. 나이도 비슷했을 뿐더러, 통통 튀는 발랄한 성격까지 잘 맞았기 때문이다. 며칠 후 아침, 등교준비를 서두르던 덕혜옹주가 옆에서 돕고 있던 리사에게 불쑥 물었다.
　"리사도 함께 가볼래?"
　"네? 어딜요?"
　"어디긴 어디야. 내가 다니고 있는 경성 일출 심상소학교지."
　"네에? 저도 학교에 데려가 주신다고요?!"
　"응, 리사만 좋다면!"
　"저야 당연히 좋죠! 꼭 가고 싶습니다!"
　리사가 연신 허리를 조아리며 부탁했다. 사실 덕혜옹주가 등교한 이후에는 좀이 쑤실 정도로 심심했다. 근엄한 양귀인이나 상궁들은 리사에게 말조차 잘 걸지 않았다. 유일한 말동무인 옹주가 학교로 떠나면 심심한 게 어쩌면 당연했다. 게다가 두 상궁들은 툭하면 리사에게 걸레질이며 빨래며 시키면서 혹독하게 부려먹었다. 리사가 경성 시내로 향하는 반짝반짝 빛나는 왕실자동차에 냉큼 올라탄 것은 어쩌면 당연한 일이었다.

"와! 1920년대의 경성은 이렇게 생겼구나!"
덕혜옹주와 나란히 자동차를 타고 가며 리사는 연신 감탄사를 발했다. 자동차들로 넘실거리는 복잡한 거리 양옆으로 한옥들과 일본식 목조건물들이 줄지어 보였다. 그 사이로 갓을 쓰고 도포를 입은 남자들과 흰색 저고리와 검은 치마를 입은 여자들이 종종걸음을 치고 있었다.
덕혜옹주가 창밖을 정신없이 내다보는 리사를 향해 고개를 갸웃했다.
"리사는 정말 이상해. 마치 경성을 처음 구경하는 것 같잖아."
"당연히 처음이죠. 그럼 제가 언제 경성을 볼 수가……."
무심코 말하다가 옹주의 의심스런 눈빛을 마주한 리사는 입을 다물었다.
"하하! 시골에서 올라온 지 얼마 안 돼서 경성거리를 구경할 기회가 없었다는 뜻이에요."
리사가 뒤통수를 긁적이는 사이, 자동차는 경성 일출 심상소학교

교문 안으로 진입했다. 자동차가 학교 본관 앞에 멈추고, 덕혜옹주가 리사의 도움을 받으며 내렸다. 현관 안쪽에서 일본인 교장과 교사들이 우르르 달려 나왔다.

"옹주마마 오셨습니까?"

"어서 오십시오, 옹주마마!"

허리를 조아리는 교장과 교사들을 스치며 덕혜옹주가 당당하게 걸음을 옮겼고, 리사도 뒤를 따랐다. 리사가 옹주를 향해 뿌듯한 표정으로 속삭였다.

"크크큭! 일본인 교장과 교사들은 옹주님 앞에서는 설설 기는군요."

"그런 게 아니야."

"네?"

"겉으론 머리를 숙이는 척하지만 내심은 망한 왕조의 옹주라며 날 무시하고 있어. 그것은 대부분 일본 귀족자제들인 이 학교의 학생들도 마찬가지지."

"아……."

딱딱하게 굳은 덕혜옹주의 옆얼굴을 보며 리사가 안타까운 표정을 지었다.

교실로 들어서는 순간, 리사는 덕혜옹주의 말뜻을 정확히 이해할 수 있었다. 책상에 앉아 유쾌하게 대화를 나누던 또래의 일본 소녀들이 옹주가 나타나자 입을 꾹 다물어 버렸다. 그리고 적의 가득한 눈으로 옹주를 바라보았다. 흐릿한 비웃음을 머금은 채 눈을 차갑게 빛내고 있는 소녀들에게서 리사는 거대한 벽 같은 것을 느꼈다. 아무리 노력해도 절대로 무너지지 않을 벽!

"오, 옹주님……?"

리사가 걱정스런 얼굴로 돌아보았지만 덕혜옹주는 태연히 걸음을 옮겼다.

"항상 있는 일이니까 신경 쓸 필요 없어. 들어가서 자리에 앉자."

덕혜옹주와 리사가 책상 앞에 나란히 앉았다. 덕혜옹주의 책상을 바라본 리사는 깜짝 놀랐다. 책상 위에 못난이 인형 같은 그림과 일본어 낙서가 잔뜩 있었기 때문이다.

"흐흐……!"

"킥킥킥……!"

덕혜옹주를 힐끔거리며 기분 나쁘게 키득거리는 소녀들을 쳐다보던 리사가 말했다.

"저 녀석들이 낙서를 한 모양이죠? 그런데 대체 뭐라고 쓴 거예요?"

"망해 버린 나라의 옹주 주제에 잘난 척 좀 그만해라. 마늘냄새 풍기는 조선 계집은 썩 꺼져 버려!"

"저, 저것들을 그냥!"

발끈하며 팔을 걷어붙이는 리사를 덕혜옹주가 말렸다.

"그만둬."

"하지만 무조건 참으면 더 무시할 거라고요."

"싸움이라도 벌였다간 선생들이 이왕직의 쇼타로 차관에게 낱낱이 보고해. 그럼 그 자는 또 어머님을 들들 볶겠지. 자식 교육을 잘못 시켰다고 말이야."

"세상에 그런 법이 어디 있어요?"

억울한 표정을 짓는 리사를 돌아보며 덕혜옹주가 씁쓸히 미소 지었다.

"어쩔 수 없잖아? 나는 망해 버린 나라의 옹주에 불과하니까."

"옹주님……."

"하지만!"

덕혜옹주의 표정이 단호하게 변했다.

"나는 절대로 굴복하지 않을 거야. 조선의 옹주로서의 자존심과 명예를 지켜내고야 말 거야."

"으응!"

리사도 뿌듯한 얼굴로 고개를 끄덕였다.

드르륵!

이때 교실 문이 열리며 꼭 심술궂은 고양이처럼 생긴 중년의 일본인 여선생이 들어왔다. 여선생이 교탁 앞에 서서 학생들을 향해 빙그레 웃었다.

"여러분, 좋은 아침이에요~"

"좋은 아침입니다!"

입을 모아 외치는 학생들의 얼굴을 둘러보며 여선생이 말했다.

"오늘은 지난주에 예고했던 대로 동시를 짓는 시간을 갖도록 하겠어요. 자, 모두 공책을 펴고 예쁜 마음이 담긴 동시를 지어보도록 해요."

"네에!"

여선생이 문득 공책을 펼쳐놓는 덕혜옹주와 옆자리의 리사에게로 시선을 옮겼다.

"덕혜옹주님."

"네."

"옹주님 옆에 앉아 있는 그 아이는 누구인가요?"

"아! 제 시중을 드는 아이입니다."

"그렇군요. 그런데 옹주님은 공책을 펼칠 필요가 없습니다."

"네? 왜죠?"

도전적으로 묻는 덕혜옹주를 쳐다보는 여선생의 입가에 비웃음이 걸렸다.

"옹주님은 일본어도 잘 모르지 않으십니까? 그런 옹주님께 동시를 지으라고 하는 건 아무래도 무리인 것 같아서요."

"으음……."

입술을 지그시 깨물고 여선생을 따라 자신을 비웃는 학생들을 둘러보던 덕혜옹주가 확고한 목소리로 말했다.

"일본어라면 수년간 충분히 배웠어요. 저도 다른 친구들과 함께 동시를 짓겠습니다."

"저런! 그러다 망신이라도 당하면 고귀한 신분에 먹칠을 할 텐데요?"

"하하하!"

"깔깔깔!"

쾅!

급우들이 비웃자 덕혜옹주가 손바닥으로 책상을 내리치며 박차고 일어섰다.

"좋아요! 그럼 우리 내기를 하도록 해요!"

"내기라뇨?"

의아한 표정을 짓는 여선생의 얼굴을 똑바로 쳐다보며 옹주가 힘주어 말했다.

"만약 내 동시가 형편없으면 제가 여기 있는 선생님과 모든 급우들에게 머리 숙여 인사할게요. 대신 제 동시가 다른 급우들의 것보다 훌륭하다면 선생님과 급우들이 제게 머리를 조아려 사과하는 겁니다. 어때요?"

"하하!"

여선생의 입에서 실소가 흘러나왔다. 여선생이 눈을 날카롭게 빛내며 덕혜옹주를 쏘아보았다.

"분명 약속하신 겁니다. 저희 모두에게 머리를 숙이기로요."

"물론이에요."

"좋아요. 그럼 한 번 해보도록 하죠."

여선생은 멸망한 조선의 옹주 주제에 자존심을 앞세우는 덕혜의 기세를 제대로 꺾어놓으려고 결심한 것 같았다. 학생들도 덕혜옹주를 째려보며 전의를 불태우고 있었다. 리사가 덕혜옹주에게 조용히 다가가 걱정스럽게 속삭였다.

"옹주님, 정말 괜찮겠어요? 아무래도 다른 아이들이 일본어로 짓는 동시가 더 유리하지 않을까요?"

"나는 자신이 있어."

덕혜옹주가 무언가 단단히 결심한 얼굴로 공책에 동시를 적기 시작했다. 교실 전체가 고요해지며 연필심이 종이에 긁히는 소리만이 울렸다. 학생들의 진지한 태도를 보며 리사는 마음을 졸였다. 덕혜옹주가 자신을 비웃는 여선생과 학생들을 향해 고개를 숙이는 모습만은 보고 싶지 않았던 것이다.

"자, 이제 시간이 다 됐군요. 모두 자신이 지은 시에 이름을 붙여 제출하도록 해요."

덕혜옹주가 팔을 번쩍 쳐든 것은 그때였다.

"선생님!"

"또 뭔가요, 옹주님?"

"이름을 적지 말고 동시를 제출했으면 합니다. 그런 다음 선생님께서 모든 급우들의 시를 읽으시고, 제일 좋은 작품을 뽑으시는 거죠. 그래야 공평한 심사가 되지 않을까요?"

"으음……."

눈살을 찌푸린 채 신음을 흘리던 여선생이 마지못해 고개를 끄덕였다.

"제 생각엔 그럴 필요까진 없을 것 같지만 옹주께서 정 그렇게 생각한다면 그렇게 하도록 하죠."

"고맙습니다."

당차게 대답하는 덕혜옹주를 올려다보며 리사는 이 나이 어린 왕녀가 결코 만만한 성격이 아님을 알아차렸다. 덕혜옹주의 주장대로 학생들은 이름을 적지 않은 채 자신이 지은 동시를 제출하기 시작했다. 여선생이 교탁 위에 수북이 쌓인 노트에 적힌 동시를 꼼꼼하게 검토했다.

잠시 후, 여선생이 교탁 앞으로 서며 씨익 웃었다.

"자, 드디어 심사가 끝났어요. 그리고 선생님은 다른 시들에 비해 월등히 뛰어난 동시 한 편을 찾아냈어요."

"드, 드디어!"

덕혜옹주와 리사가 긴장된 눈으로 여선생의 얼굴을 뚫어져라 보았다. 여선생이 만면에 흐뭇한 미소를 머금은 채 동시를 읽기 시작했다.

남쪽 하늘에서 날아온

커다란 날개 단 비행기가

삐라를 잔뜩 뿌리고 있다

금색 삐라 은색 삐라

나는 그 삐라가 갖고 싶은데

바람의 신이 데리고 간다

어디로 가는지 보고 있자니

솔개가 있는 데에서 놀고 있다

"와아아! 대단하다!"
"정말 아름다운 동시야!"
"대체 누가 이런 시를 지은 거야?!"
여선생의 낭독이 끝나자 교실이 떠내려갈 듯 박수소리가 울려 퍼졌다. 여선생이 입가에 미소를 떠올린 채 환호하는 반애들을 둘러보았다.
"자, 누가 이렇게 아름다운 동시를 지었지? 당장 그 자랑스러운 얼굴을 보여주세요."
여선생은 일본 학생이 지었다고 믿는 눈치였다. 학생들도 잔뜩 흥분한 눈으로 주위를 둘러보았다.
"대체 누구야?"

"빨리 일어서서 옹주의 코를 납작하게 해주라고."

하지만 그들의 기대는 보기 좋게 빗나가고 말았다. 급우들 사이에서 천천히 몸을 일으킨 사람은 다른 누구도 아닌 덕혜옹주였기 때문이다. 희미한 미소를 머금은 채 당당하게 일어나는 덕혜옹주의 얼굴을 여선생이 부들부들 떨리는 손가락으로 가리켰다.

"서…… 설마…… 설마……?!"

덕혜옹주가 여선생과 시선을 마주치며 고개를 끄덕였다.

"네, 제가 지은 동시입니다."

사방에서 학생들의 비명소리가 터져 나왔다.

"맙소사……!"

"우리가 칭찬했던 동시를 옹주가 지었다니……!"

"그럼 우리 모두 머리 숙여 사과해야 하는 거야……?"

당혹감과 수치심으로 몸을 떨고 있던 여선생이 덕혜옹주를 향해 머리를 조아렸다.

"죄송합니다, 옹주님. 제가 옹주님의 실력을 못 알아보고 무례를 범했습니다. 부디 용서해 주십시오."

"……."

덕혜옹주가 선뜻 대답하지 않고 급우들을 둘러보았다.

"선생님뿐만 아니라 급우들의 사과도 받기로 한 걸로 알고 있는데요."

하지만 학생들은 이를 악물고 덕혜옹주를 노려보기만 할 뿐이었다. 여선생이 주먹으로 교탁을 내리치며 버럭 소리쳤다.

"뭣들하고 있어? 실력도 없으면서 설마 약속도 어겼다는 소리까지 듣고 싶니?"

학생들이 억울한 얼굴로 일어나 일제히 덕혜옹주를 향해 머리를 숙였다.

"미안합니다, 옹주님!"

"옹주님께 무례하게 굴었던 걸 사과하겠습니다!"

덕혜옹주가 가슴을 쭉 펴고 대답했다.

"그래. 앞으로는 나와 우리 왕실을 무시하지 않았으면 고맙겠어."

그날 늦은 오후, 이왕직의 차관실에서 쇼타로는 경성 일출 심상소학교의 교장으로부터 직접 보고를 받고 있었다. 소파 등받이에 몸을 기댄 채 쇼타로가 씨익 웃었다.

"앞으로는 나와 우리 왕실을 무시하지 말아라, 분명 그렇게 말했단 말이오?"

"네, 그렇습니다."

쇼타로의 미간이 살짝 일그러졌다.

"이런 이런, 이건 좋지 않군요. 결국 옹주가 우리 일본에 저항심을 갖기 시작했다는 뜻이 아니오?"

"네, 틀림없습니다. 이대로 성장한다면 옹주는 분명 우리 일본에 반항하는 왕족이 될 것입니다."

"그렇게 놔둘 수야 없지. 아무래도 옹주를 일본으로 보내는 계획을 좀 더 앞당겨야할 것 같군."

"잘 생각하셨습니다, 차관님."

두 사람이 서로의 얼굴을 마주보며 의미심장하게 웃었다.

교장이 돌아가자마자 쇼타로는 순종의 집무실인 희정당으로 향했다. 편전 앞을 지키고 있던 병사들이 머리를 조아렸다.

"하여튼 조선 놈들이란……!"

자신들의 왕을 만나러 가는 적군의 차관을 검문조차 하지 않고 통과시키는 호위병들을 보며 쇼타로는 비웃음을 흘렸다. 희정당의 용상에 순종은 혼자 우두커니 앉아 있었다. 명목상 왕이란 직책만 남아 있을 뿐, 국정은 총독부의 사이코 마코토 총독이 운영하고 있으니, 신하들이 찾아올 일도 없었다. 쇼타로가 늘 혼자인 외로운 왕을 향해 정중히 머리를 숙였다.

"전하, 이왕직 차관 고쿠분 쇼타로가 인사올립니다."

"오, 차관! 바쁘실 텐데 여기까진 무슨 일이오?"

"실은 동생이신 덕혜옹주의 일로 상의드릴 일이 있습니다."

순종의 표정이 불안하게 변했다.

"덕혜옹주가 왜요?"

"이은 황태자 전하처럼 덕혜옹주도 일본으로 보내어 일황의 신민으로서 교육을 받게 할까 합니다."

순종의 안색이 핼쑥해졌다.

"하, 하지만 옹주의 나이 이제 고작 열네 살이오. 그렇게 어린아이를 어미와 떨어뜨려 머나먼 타국으로 보낼 필요가 있겠소?"

"타국이라뇨? 내선일체! 일본과 조선은 하나라는 일황의 칙령을 잊으셨단 말입니까?"

쇼타로가 눈을 번뜩이자, 순종은 당황하여 손사래를 쳤다.

"미, 미안하오. 내가 실언을 하였소."

"어쨌든 옹주의 일본행은 이미 총독부와 동경 왕궁에서 결정한 사항입니다. 절대로 번복할 수 없음을 유념하십시오."

순종이 손으로 이마를 짚으며 비탄에 잠긴 신음을 흘렸다.

"아아……, 승하하신 고종황제께서 덕혜를 잘 보살피라고 신신당부하셨거늘!"

"흑흑……."

그날 관물헌으로 돌아온 덕혜옹주는 눈물을 흘리고 있는 양귀인과 상궁들을 발견하고 크게 놀랐다. 옹주가 양귀인 앞에 무릎을 꿇으며 손을 와락 잡았다.

"왜 그러세요, 어머니? 또 일본놈들이 괴롭힌 겁니까?"

"그게 아니란다, 옹주."

"그럼 왜 울고 계세요?"

"실은…… 실은……."

딸의 뺨을 쓰다듬으며 울먹이던 양귀인이 왈칵 눈물을 쏟았다.

"왜놈들이 너를 일본으로 끌고 가겠다고 하는구나!"

"황태자 전하처럼 저도 일본으로요?"

눈을 부릅뜨는 덕혜옹주를 와락 안으며 양귀인이 통곡을 했다.

"으흐흑! 이곳에서도 왜놈들의 등살에 시달리는데 일본으로 가면 얼마나 괴롭힘을 당할꼬? 우리 덕혜를 불쌍해서 어떻게 보내누."

문가에 서서 지켜보던 리사도 가슴이 아파 코끝이 찡해졌다. 덕혜옹주가 어머니를 떨어뜨리며 씩씩하게 말했다.

"걱정 마세요, 어머니. 일본에 가도 왜놈들한테 기죽지 않고 잘 지낼게요. 이은 황태자 전하도 도움을 주실 거예요."

"으흐흑! 가엾은 내 딸아!"

눈물에 젖은 어머니의 얼굴을 바라보는 옹주의 눈가에도 촉촉하게 물기가 맺혔다.

부우우우--!

그로부터 며칠 후, 부산항에서 덕혜옹주와 리사는 동경으로 향하는 여객선에 몸을 실었다. 난간에 서서 조금씩 멀어지는 조국의 산하를 바라보는 덕혜옹주의 눈빛이 슬펐다.

"아아! 내가 살아서 다시 고국 땅을 밟을 수 있을까? 오라버니인 순종 황제와 어머니의 얼굴을 다시 뵐 수 있을까?"

리사가 진심으로 위로했다.

"머지않아 돌아오실 수 있을 거예요. 그러니 너무 서글퍼 마세요."

"미안해, 리사야."

"네? 뭐가요?"

"괜히 나 때문에 너까지 일본으로 끌려가게 됐잖아."

"아니에요, 헤헤! 우린 친구잖아요. 어려울 때일수록 서로 힘이 되어 주어야죠."

"친구……?"

"네!"

덕혜옹주가 환하게 미소 짓는 리사를 와락 끌어안았다.

"그래, 우린 친구지! 어려울 때나 기쁠 때나 서로에게 의지가 되어 주는 친구! 리사 너와 함께 가게 돼서 얼마나 다행인지 몰라."

리사가 가늘게 떨리는 덕혜옹주의 등을 부드럽게 두드려주었다.

4
대마도 백작 소 다케유키와의 만남

도쿄에 도착한 덕혜옹주는 먼저 일황이 살고 있는 왕궁으로 향했다. 일본의 여러 왕족이 지켜보는 앞에서 일황에게 인사를 올리기 위해서였다. 명목상으로는 일본 왕실과 조선 왕실이 하나가 되었으니 가문의 가장 큰 어른인 일황에게 인사를 올려야한다는 것이었다. 하지만, 그것이 적국의 포로인 왕녀를 구경거리로 삼기 위한 자리임을 덕혜옹주는 잘 알고 있었다.

봄비가 추적추적 내리는 오후에 덕혜옹주와 리사는 자동차에 타고 왕궁 안으로 들어갔다. 덕혜옹주가 자동차에서 내렸을 때는 아직도 비가 쏟아지고 있었다. 리사가 옹주를 수행하는 왕궁 궁내부 소속의 일본 관리에게 급히 말했다.

"어서 우산을!"

하지만 관리는 빙글빙글 웃을 뿐이었다.

"왕궁에서는 우산을 쓸 수가 없습니다. 그것은 일황에 대한 예의가 아니지요."

"하지만 저 사람들은 우산을 쓰고 들어오고 있잖아요."

리사가 떡하니 우산을 쓰고 들어오는 사람들을 가리켰지만 관리는 눈도 깜빡하지 않았다.

"저 분들은 대 일본제국의 왕족들입니다. 왕족들과 귀족들만이 왕궁 안에서 우산을 쓸 수가 있습니다."

덕혜옹주가 더 이상 참지 못하고 분통을 터뜨렸다.

"일본과 조선은 내선일체에 따라 하나가 되었다면서요?"

"그것과 그것은 다릅니다."

"이런 억지가……."

이죽거리는 관리의 얼굴을 쏘아보며 덕혜옹주가 이를 갈았다. 어머니의 품을 떠나 일본까지 끌려온 것도 억울한데, 도착하자마자 업신여김을 당하니 분노가 치밀었던 것이다. 덕혜옹주가 분을 참지 못하고 부들부들 떨고 있을 때, 누군가 그녀의 머리 위로 불쑥 우산을 씌워주었다.

"대체 누가……?"

빙글 돌아서는 덕혜옹주 앞에 눈앞이 환해질 정도로 잘생긴 청년이 서 있었다. 하얀 피부에 약간은 시크한 얼굴을 하고 있는 청년은 깊은 눈매와 붉은 입술 때문에 살짝 우울한 느낌을 풍겼다. 훤칠한

키에 날렵한 몸의 윤곽에 꼭 맞는 슈트 차림의 청년에게선 고고한 기품이 넘쳐흘렀다.

덕혜옹주가 청년의 새카만 눈동자를 들여다보며 간신히 물었다.

"누, 누구세요?"

"대마도 백작 소 다케유키라고 합니다."

"대마도 백작? 그럼 당신도 왕족인가요?"

"왕족은 아닙니다. 전대 대마도 번주의 양자로 들어가 작위를 물려받은 귀족 나부랭이일 뿐입니다."

대부분의 일본 귀족은 콧대가 하늘을 찌르는데, 소 다케유키만은 자신의 지위를 대수롭지 않게 말했다. 그런 그에게 호감을 느끼며 덕혜옹주가 고개를 까닥였다.

"나는 조선의 옹주 덕혜라고 해요."

"알고 있습니다. 오늘 일본의 모든 왕족들과 귀족들이 옹주마마를 뵙기 위해 몰려들고 있으니까요."

"그, 그렇군요."

다케유키는 구경하기 위해서라고 말하고 싶은 것을 참고 있는 듯했다. 그의 솔직함에 더욱 마음이 끌리는 옹주를 향해 다케유키가 일황의 집무실이 있는 건물을 가리켰다.

"그만 들어가시죠. 일황께서 기다리고 계실 겁니다."

"네, 그러죠."

기다란 회랑을 지나 다케유키는 덕혜옹주와 나란히 걸어 들어갔다. 한참만에야 두 사람은 복도 끝에 위치한 커다란 문 앞에 도착했다. 덕혜옹주가 다가오자 내관들이 양옆으로 문을 열며 큰소리로 외쳤다.

"조선의 덕혜옹주가 들었사옵니다!"

"아!"

넓디넓은 대전 안으로 들어서며 덕혜옹주는 어쩔 수 없이 신음을 흘리고 말았다. 수백 명이나 되는 왕족들과 귀족들이 양옆으로 늘어서서 동물원의 원숭이라도 구경하듯 그녀의 얼굴을 뚫어져라 보고 있었다. 그들의 눈빛에는 하나같이 비웃음과 승리감이 뒤섞여 있었다. 덕혜옹주는 자신의 살갗까지 단숨에 벗겨 버릴 듯한 적의어린 시선에 숨이 막혔다.

"후욱…… 훅……."

뒤에서 따라오던 리사가 위태롭게 휘청이는 옹주를 재빨리 부축하려고 했다. 하지만 대마도 백작 다케유키가 조금 더 빨랐다. 그가 옹주의 팔을 힘주어 잡으며 나직이 속삭였다.

"여기서 쓰러지면 정말 저들의 놀림감이 될 겁니다. 조선의 왕족으로서 자존심을 지키고 싶다면 강해지셔야 합니다. 무슨 뜻인지 아시겠습니까?"

"아, 알겠어요."

간신히 고개를 끄덕이며 덕혜옹주가 일황의 옥좌 바로 밑에 멈춰

섰다. 그녀를 인도해준 다케유키는 재빨리 양옆에 늘어선 왕족들과 귀족들 쪽으로 물러섰다. 덕혜옹주는 이제 홀로 남아 근엄한 일황의 얼굴을 간신히 올려다보았다.

"……."

덕혜옹주가 한동안 입도 벙긋하지 않자, 궁내부 관리가 버럭 고함쳤다.

"옹주는 일황께 예를 표하지 않고 왜 멍청히 서 있는 것이오?!"

"……."

그럼에도 덕혜옹주는 고개를 숙이지 않았다. 복잡한 감정이 섞여 있는 눈으로 일황의 얼굴을 물끄러미 바라볼 뿐이었다.

"저런 무엄한 옹주를 봤나?!"

궁내부 대신이 옹주를 끌어내려는데, 일황이 스윽 손을 들어 제지했다.

"그냥 두어라. 오늘 배를 타고 도착했으니 피곤해서 그런 것이라고 생각해주겠다."

"하지만……."

"어허, 그냥 두래도."

"아, 알겠사옵니다."

덕혜옹주의 얼굴을 빤히 쳐다보던 일황이 나직이 입을 열었다.

"덕혜옹주라고 했느냐?"

"그렇습니다."

"너는 고종황제의 유일한 딸이라지?"

"그, 그렇습니다."

애써 대답하며 덕혜옹주는 목이 메이는 것을 느꼈다. 자식에게 끔찍이 애정을 쏟았던 부왕의 모습이 떠올랐기 때문이다. 부왕은 그녀가 일곱 살 때인 1919년 세상을 떠났다. 부왕의 죽음이 왜놈들의 소행이라는 소문이 파다했고, 그것을 계기로 3.1만세운동이라는 대사건이 벌어졌다. 선왕을 떠올리고 있는 덕혜옹주의 귓가에 다시 일황의 목소리가 스며들었다.

"내가 먼 길을 와준 덕혜옹주에게 차를 한 잔 대접하려고 한다."

흠칫 정신을 차리는 덕혜옹주 앞에 내관들이 과자접시와 몇 개의 찻잔 그리고 차 주전자가 놓인 테이블을 놓아주었다. 옹주가 내관들이 놓아준 의자에 조심스럽게 앉았다. 옹주는 일황이 차를 대접하겠다고 했으니, 내관들이 당연히 차를 따라줄 줄 알았다. 하지만 그들은 멀찍이 떨어져서 지켜볼 뿐이었다. 내관들뿐만 아니라 수많은 일본 왕족들과 귀족들도 당황스런 얼굴로 테이블 앞에 앉아 있는 옹주의 얼굴을 뚫어져라 주시하고 있었다. 그제야 옹주는 일황과 왕족들의 속셈을 알아차렸다.

'일본 다도를 모르는 내게 차를 내줘서 의도적으로 망신을 주려고 하는구나!'

덕혜옹주는 분해서 입술을 지그시 깨물었다. 그렇다고 일황이 내려준 차를 마시지 않을 수도 없는 노릇이었다. 덕혜옹주가 주전자를 들고 가장 가까운 곳에 놓인 찻잔에 따르려고 했다. 순간 대전 여기저기서 비웃는 소리가 들렸다.

"아하하! 단과도 먹지 않고 차부터 따르다니!"

"세상에 저런 다도가 어디 있단 말인가?"

"하긴 미개한 조선의 왕녀가 다도를 알 턱이 없지!"

덕혜옹주는 너무 분해서 이를 깨물었다. 정말로 동물원 철창에 갇힌 원숭이가 되어 버린 기분이었다. 이때 웃음소리를 뚫고 누군가의 시크한 목소리가 들려왔다.

"일황께서 허락하신다면 옹주와 함께 차를 마시고 싶습니다!"

"……!"

모두의 시선이 귀족들의 무리를 뚫고 덕혜옹주 옆으로 다가오는 소 다케유키에게로 쏠렸다. 옹주도 눈을 크게 뜨고 그를 쳐다보았다. 옹주 옆에 서서 머리를 조아리는 다케유키를 유심히 보다가 일황이 피식 실소했다.

"누군가 했더니, 대마도 백작 소 다케유키였군. 너는 천하의 괴짜인 것은 알고 있다만, 오늘은 무슨 바람이 불어서 옹주와 어울려 차를 마시려는 것이냐?"

일황이 짐짓 근엄한 투로 물었지만 다케유키는 여유를 잃지 않았다.

"본래 다도란 어울리기 위한 예법이 아닙니까? 멀리서 온 손님에게 홀로 차를 마시라고 하는 것 자체가 다도에 어긋나는 일인지라 청하는 것이옵니다."

"흐음, 듣고 보니 일리가 있는 말이구나. 그렇다면 어디 네가 한 번 조선의 옹주에게 일본 다도가 무엇인지 보여주도록 해라."

"네, 알겠습니다."

다케유키가 유들유들 웃으며 덕혜옹주 앞에 앉았다. 분하고 서러워 입술을 파르르 떨고 있는 옹주의 얼굴을 물끄러미 바라보던 다케유키가 나직이 입을 열었다.

"옹주, 지금부터 내가 하는 그대로만 따라하시오. 할 수 있겠소?"

덕혜옹주가 고개를 끄덕이자, 다케유키는 먼저 한지에 싸여 있는 단과를 왼손으로 들었다.

"이것은 단과라고 하는 과자입니다. 이름 그대로 단맛이 강한 과자인데, 차를 마시기 전에 손님에게 풍요로운 기분을 선사하기 위해 대접하는 것입니다. 먹는 방법은 간단하오. 이걸 왼손으로 들고 맛있게 먹으면 되는 것이지요."

다케유키가 맛있게 단과를 먹기 시작하자, 덕혜옹주도 따라서 먹었다. 순식간에 단과를 먹어치운 다케유키가 이번엔 주전자를 들어올렸다.

"자, 이제 차를 한 번 따라볼까요? 그런데 내 잔에 따라야 하나, 손님의 잔에 먼저 따라야 하나?"

다케유키가 머리를 긁적이자 여기저기서 야유하는 소리가 들려왔다.

"우우! 나라 망신시키지 말고 물러나라!"

"백작이 다도도 모르다니!"

"에라, 모르겠다!"

다케유키가 이판사판이란 식으로 자신의 잔에 찻물이 넘치도록 따랐다. 그리고 덕혜옹주의 잔도 그득히 채웠다.

"자, 마십시다."

"그냥 이렇게 마시라고요? 하지만……."

"그럼 내가 마시는 걸 잘 보고 그대로 따라하십시오."

벌컥벌컥!

다케유키가 냉수를 마시듯 시원하게 차를 마셔 버렸다. 황당한 듯 보고 있던 덕혜옹주도 따라 마셨다. 동시에 대전을 가득 메우고 있던 일본인들이 삿대질을 하며 꽥꽥 소리를 질러댔다.

"이런 엉터리 다도법이 어디 있어?"

"완전 엉망진창이군!"

"대마도 백작과 조선의 옹주는 예법이라곤 모르는구나!"

갑작스런 소란에 일황이 귀찮다는 듯 손을 휘휘 저었다.

"모두들 물러가거라."

"네, 그럼 물러가겠습니다."

다케유키와 덕혜옹주가 나란히 일황에게 인사하고 대전을 빠져나갔다. 리사도 두 사람을 헐레벌떡 쫓아갔다.

밖으로 나오자마자 다케유키가 껄껄 웃었다.

"푸하하하! 옹주님, 제 덕분에 위기를 벗어날 수 있었지요?"

"결국 망신을 실컷 당했는데, 뭐가 위기에서 벗어났다는 건가요?"

"하지만 일본의 귀족인 저와 함께 당하지 않았습니까? 게다가 차를 벌컥벌컥 마셔 버림으로써, 다도를 무슨 대단한 것처럼 생각하는 일본인들에게 보기 좋게 한 방 먹이기까지 했지요. 이 정도면 위기에서 잘 벗어났다고 할 수 있지 않을까요?"

"으음……."

턱을 매만지며 골똘히 생각하던 덕혜옹주가 배시시 웃었다.

"과연 일리가 있는 말이에요. 어쨌든 고마워요. 다케유키 씨, 당신은 다른 일본인과는 조금 다른 사람인 것 같군요."

"그렇게 생각해주시다니 고맙습니다, 옹주님. 그럼 인연이 있으면 또 만나 뵙도록 하지요. 참, 이 우산은 선물로 드리겠습니다."

자신에게 우산을 넘겨주고 쏟아지는 빗속으로 태연히 걸어가는 다케유키의 뒷모습을 덕혜옹주가 신기한 듯 바라보았다.

"대마도 백작 소 다케유키라고 했었지? 저 남자 퍽 재미있는 사람인 거 같아."

덕혜옹주 옆에서 리사가 씨익 웃었다.

"비단 재미있을 뿐 아니라 근사하게 생기기까지 했지요. 우월한 기럭지에 슈트가 저렇게 잘 어울리는 남자는 흔치가 않거든요."

덕혜옹주는 대답하지 않고 멀어지는 다케유키의 뒷모습을 시야에 담아두고 있었다.

도쿄에서 덕혜옹주는 순종의 동생으로 조선의 황태자인 영친왕의

집에서 함께 지내기로 되어 있었다. 비가 그친 오후에 덕혜옹주와 리사는 다시 궁내부에서 내준 자동차를 타고 왕궁에서 멀지 않은 영친왕의 저택으로 향했다. 으리으리한 저택의 대문 앞을 일본 군인들이 착검한 소총을 든 채 삼엄하게 지키고 있었다. 덕혜옹주가 불안한 눈으로 군인들을 쳐다보며 대문 안으로 들어갔다.

"아아……! 이은 오라버니께서 이곳에서 죄수와 같은 생활을 하고 계시는구나."

방안으로 안내되어 영친왕을 만난 덕혜옹주가 그동안 참았던 설움이 왈칵 치밀어 오라버니 앞에서 눈물을 쏟았다.

"으흐흐흑! 오라버니!"

"오냐! 오냐! 어린 너까지 끌려오다니, 나라 잃은 고통이 참으로 서럽구나."

영친왕도 눈물을 글썽이며 어린 여동생의 손을 다독여주었다. 동생이 눈물을 그치기를 기다렸다가 영친왕이 리사를 힐끗 쳐다보았다.

"그런데 저 아이는 누구니?"

"조선에서 데려온 제 시녀입니다."

영친왕의 눈매가 가늘어졌다.

"믿을 수 있는 아이니?"

"걱정 마세요. 저의 가장 친한 친구이니까요."

"덕혜야, 지금부터 이 오라비가 하는 말을 잘 들어야 한다."

"네, 말씀하세요."

"이곳은 조선이 아니야. 조선보다 몇 배 더 살벌한 곳이라고 생각하면 된단다. 조선에는 그래도 순종 황제폐하와 백성들이라도 있었기에 우리가 숨이나마 쉬고 살 수 있었지. 하지만 이곳에선 우리의 편이라곤 단 한 명도 없어. 그러니 그 누구도 믿지 말고 더더욱 조심해야 한다. 오라비의 말을 절대로 잊어서는 안 돼."

"명심하겠어요, 오라버니."

공포에 질린 영친왕의 얼굴을 바라보며 덕혜옹주는 가슴이 미어지는 것 같았다.

'일본놈들에게 얼마나 시달림을 당했으면 저런 표정을 지으실까? 아아! 앞으로 나는 또 얼마나 끔찍한 일들을 겪게 되는 것일까?'

며칠 후, 덕혜옹주는 동경의 귀족 자제들이 다니는 여자학습원 중등과 2학년에 편입했다.

그날 아침 일찍 긴장한 표정이 역력한 덕혜옹주는 리사와 함께 여자학습원으로 향했다.

"와아! 무슨 학교가 이렇게 크죠?"

자동차를 타고 교문을 통과하며 리사는 학교의 엄청난 규모에 먼저 놀랐다. 덕혜옹주는 별 반응을 보이지 않고 드넓은 운동장과 십 층으로 지어진 회색 학교건물을 바라보았다. 자동차에서 내리며 그녀는 지나가는 말로 한 마디 툭 내뱉었을 뿐이다.

"학교가 아니라 꼭 감옥 같아."

덕혜옹주와 리사가 현관으로 올라갔지만 마중 나온 학교 관계자는 보이지 않았다. 경성 일출 심상소학교에서는 그래도 옹주가 나타나면 교장과 선생들이 달려 나오곤 했는데, 이곳은 아예 딴판이었다. 덕혜옹주는 어쩔 수 없이 직접 교무실로 찾아가는 수밖에 없었다.

"오호, 드디어 덕혜옹주님께서 오셨군."

책상에 앉아 덕혜옹주를 맞이한 사람은 야비한 인상의 남자 담임이었다. 담임이 눈에 힘을 잔뜩 주고서 협박조로 말했다.

"이곳은 동경입니다. 옹주께서 태어난 경성과는 다르다는 뜻이지요. 이곳에선 왕족으로 대접받을 생각 따윈 하지 마십시오. 만약 규칙을 어기면 그에 합당한 벌을 받게 될 것입니다. 그러니 학습 분위기 해치지 말고 얌전히 공부만 하도록 하세요. 제 말 알아들으셨겠죠?"

"……."

"설마 못 알아들으신 겁니까?"

"……."

덕혜옹주를 대신해 리사가 발끈하여 나섰다.

"아무리 그대로 일국의 옹주님께 너무 무례하시군요?"

"일국의 옹주? 그 일국이 대체 어디지?"

"뭐라고요?"

담임이 이죽거리며 말했다.

"조선이란 나라는 사실상 망해 버렸잖아. 그런데 망해 버린 나라의 옹주가 왕족 대접을 받으려고 하다니, 너무 염치없는 노릇 아닌가?"

"끄으으……!"

분을 참지 못하고 부들부들 떠는 리사를 담임이 턱짓으로 가리켰다.

"그런데 저 아이는 누굽니까?"

"저를 보필하는 시녀아이에요."

"그런데 이 아이가 왜 학교까지 따라와 시시콜콜 간섭을 하지요? 내일부턴 절대로 데려오지 마십시오."

순간 덕혜옹주가 화들짝 놀라며 외쳤다.

"그, 그것만은 봐주세요!"

"흐음……."

"제가 수업을 받을 동안 리사는 교실 밖에서 기다리고 있으라고 할게요. 그러니 제발 리사를 학교에 데려오지 말라는 분부만은 거두어주세요. 부탁드립니다."

덕혜옹주가 머리를 깊숙이 숙이자, 담임은 씨익 웃었다. 담임이 덕혜옹주를 향해 큰 선심이라도 쓰듯 말했다.

"좋습니다. 그럼 옹주께서 저의 지시에 철저히 따른다는 조건 하에 저 리사라는 아이를 데려오는 걸 허락하겠습니다."

교무실 밖으로 나온 덕혜옹주와 리사는 담임을 따라 교실로 향했다. 리사가 덕혜옹주의 귀에 대고 나직이 물었다.

"옹주님, 제가 뭐라고 일본인 담임에게 머리까지 숙이세요?"

"……."

"한 번 기가 눌리면 부당한 요구에도 계속 응할 수밖에 없을 거라고요. 차라리 제가 학교에 따라오지 않더라도……."

순간 덕혜옹주가 이를 악물며 나직이 내뱉었다.

"그럼 난 완전히 혼자잖아."

"네?"

"리사 너마저 내 곁에 없으면 나는 완전히 고립무원이 돼 버린다고. 그것만은……, 그것만은 도저히 견딜 수 없을 거 같아."

"아……!"

그제야 리사는 덕혜옹주의 마음을 알 것도 같았다. 아무리 당차다고 해도 옹주는 아직 여린 소녀에 불과했다. 그런 그녀에게 조선을 강제로 지배한 일본이란 나라로 홀홀단신 끌려왔다는 생각은 견디기 힘든 압박이었을 것이다. 이 일본 땅에서 그녀가 믿을 수 있는 사람이라곤 시녀에 불과한 리사 밖에는 없었다. 그것이야말로 덕혜옹주가 처한 서글픈 현실이었다. 그리고 그 현실은 옹주가 앞으로 공부하게 될 교실로 들어갔을 때, 좀 더 구체적인 형태로 나타났다.

"모두 인사해라. 이쪽은 조선에서 우리 일본의 발달한 모습을 배우러 온 덕혜옹주라고 한다."

"……."

담임이 덕혜옹주를 소개했지만 하나같이 건방진 표정의 반애들 중 누구도 입을 열지 않았다. 숨 막힐 듯한 침묵만이 흐르는 가운데 교단 위에 우두커니 서 있는 옹주를 리사가 복도의 창을 통해 지켜보며 발을 동동 굴렀다.

"저런 괘씸한 것들이 덕혜옹주를 부러 무시하고 있잖아! 담임 선생님은 주의를 주지 않고 뭐하고 있는 거야?"

하지만 담임은 덕혜옹주를 도와줄 생각이 눈곱만큼도 없는 것 같았다. 그는 오히려 이 상황을 은근히 즐기고 있는 것처럼 보였다. 결국 덕혜옹주가 먼저 모멸감을 참으며 천천히 고개를 숙였다.

"아, 안녕. 나는 덕혜라고 해. 만나서 반가워."

"질문!"

이때 맨 앞자리에 안경을 쓰고 앉아 있던 여학생이 손을 번쩍 들었다.

"뭐, 뭐가 궁금한데?"

"조선은 이미 망해 버린 나라잖아. 그런데 왜 왕이니, 옹주니 하는 것들이 존재하지?"

"그, 그건……."

안색이 핼쑥해지며 옹주가 담임을 돌아보았다. 그러나 담임은 어깨를 으쓱하며 오히려 이렇게 말했다.

"친구가 질문을 했으면 답을 해주는 게 예의가 아닐까?"

"으음……."

입술을 꼬옥 깨물고 모욕을 참고 있던 덕혜옹주가 떨리는 소리로 입을 열었다.

"그, 그것은 일황께서 은혜를 베풀어 우리 조선 왕조를 보존해주셨기 때문이야."

"호오, 그래? 그럼 너는 일황께 늘 감사하는 마음을 지니고 살아가고 있겠구나?"

"……."

"그 표정은 뭐야? 너는 설마 은혜도 모르는 파렴치한 아이니?"

덕혜옹주가 가까스로 눈물을 참으며 대답했다.

"아, 아니야. 네 말대로 나는 늘 감사하는 마음으로 살고 있어."

"깔깔깔! 당연히 그래야지. 앞으론 우리에게도 비슷한 마음을 가지고 생활해주었으면 고맙겠어."

담임이 이제 됐다는 듯 교실 한복판 빈 책상을 가리켰다.

"옹주께선 저 자리로 가서 앉도록 하시죠."

"아, 알겠습니다."

덕혜옹주가 후들후들 떨리는 다리를 움직여 자리로 향했다. 그녀가 자리에 앉자마자 담임이 책을 펼치며 말했다.

"자, 오늘은 근대시에 대해서 배워보도록 할까?"

"후우우……."

한 고비를 넘겼다고 생각한 덕혜옹주가 안도의 한숨을 쉬었다. 하지만 그녀의 시련은 아직 끝난 것이 아니었다.

투욱!

"!"

어디선가 똘똘 만 종이뭉치가 날아와 덕혜옹주의 뒤통수를 때렸다.

"누, 누구야?"

"킥킥킥!"

"흐흐흐!"

덕혜옹주가 흠칫 놀라 돌아보았지만 반애들은 비릿하게 웃기만 할 뿐이었다.

"못된 것들 같으니……!"

덕혜옹주가 이를 악물며 다시 담임에게 시선을 옮겼다.

타아악!

다시 종이뭉치가 날아와 그녀의 머리를 때린 것은 그때였다.

"큭큭큭…!"

"우헤헤…!"

그녀가 돌아보았지만 반애들은 이번에도 비슷한 반응을 보였다.

탁! 탁! 타악!

어금니를 질끈 깨문 덕혜옹주는 종이뭉치가 연달아 날아들었지만 이번만은 돌아보지 않았다. 덕혜옹주가 저항을 포기하자 사방에서 대놓고 종이뭉치를 던지기 시작했다. 그래도 담임은 눈앞의 상황이 보이지 않는 듯 태연하게 수업을 진행시켰다.

탁! 탁! 탁! 탁! 탁!

숨 막힐 듯한 적대감 속에서 덕혜옹주는 입술을 질끈 깨물고 앉아 지독한 모멸감과 고립감에 치를 떨고 있었다.

"우리 덕혜옹주님 불쌍해서 어쩌면 좋아…….”

창문을 통해 그런 덕혜옹주의 모습을 지켜보며 리사도 눈물을 글썽였다. 당장 뛰어 들어가 돕고 싶었지만 그랬다간 이 학교에서 옹주가 유일하게 의지할 수 있는 자신마저 곁에 있을 수 없게 될까봐 그럴 수조차 없었다. 덕혜옹주의 일본에서의 생활이 앞으로 얼마나 끔찍할지 상상하는 것만으로 리사는 눈앞이 캄캄해졌다.

5
거듭되는 슬픔

　리사의 예상대로 덕혜옹주의 학교생활은 끔찍함 그 자체였다. 일본 급우들은 온갖 방법을 동원하여 덕혜옹주를 괴롭혔다. 그녀가 도저히 견디지 못하고 저항이라도 할라치면 담임은 무조건 일본 학생들을 편들며 옹주를 온종일 복도에 세워두곤 했다. 계속되는 괴롭힘에 옹주는 점점 지쳐갔고, 영혼이 흔들릴 정도의 상처는 결국 병으로 이어졌다.
　"으으…… 으으으……!"
　그렇게 몇 해에 걸친 괴롭힘을 받으며 생활하던 어느 겨울 덕혜옹주는 몹시 아팠다. 열이 40도 넘게 오르내리며 헛소리를 하곤 했다. 영친왕의 요청에 의해 의사가 급히 달려왔다. 덕혜옹주를 진찰한 의사가 심각한 얼굴로 말했다.

"옹주께선 정신적으로 매우 취약한 상태입니다. 아무래도 당분간 요양을 하셔야 할 것 같습니다."

"그렇소? 그럼 당장 학교를 쉬도록 해야겠구려."

하지만 덕혜옹주는 학교 수업을 빠질 수가 없었다. 궁내부에서 아프다는 핑계로 내선일체 교육을 게을리 하는 것을 허락할 수 없다고 통고했기 때문이다. 결국 덕혜는 아픈 몸을 이끌고 학교에 나갈 수밖에 없었고, 그 와중에 일본인 급우들의 괴롭힘은 계속되었다.

"세상에 이렇게 잔인한 족속들이 또 있을까?"

리사는 일본인들의 잔인함에 완전히 질려 버리고 말았다. 그리고 자신에게 덕혜옹주를 지켜줄 힘이 없음에 한탄했다.

겨울이 막바지에 이를 무렵, 덕혜옹주가 이상증세를 보이기 시작했다. 그날 밤도 덕혜옹주와 리사는 이층 침대에서 나란히 잠이 들었다. 자정이 지난 시각, 리사는 악몽을 꾸다가 잠에서 깨어났다. 붉은 얼굴에 매부리코를 한 일본 도깨비들이 덕혜옹주를 컴컴한 동굴 안으로 끌고 들어가는 꿈이었다.

"아악! 옹주님!"

리사는 비명을 지르며 이층 침대에서 벌떡 일어났다.

"후욱…… 훅……! 그, 그게 전부 꿈이었구나!"

자신이 꿈을 꾸었음을 깨닫고 리사는 가슴을 쓸어내렸다. 그래도 두근거리는 가슴은 쉬 진정되지 않았다. 악몽이 그만큼 생생했기 때문이다. 덕혜옹주의 얼굴을 한 번 봐야 안심이 될 것 같아 리사가 아래층으로 고개를 숙였다.

"옹주님, 잘 자고 계시죠? 아앗!"

덕혜옹주의 침대가 텅 비어 있음을 깨닫고 리사는 깜짝 놀랐다. 리사가 겉옷을 걸치며 후다닥 달려 나갔다.

"옹주님! 옹주님!"

아직 싸늘한 한밤의 정원을 내달리며 덕혜옹주를 찾았다. 한참을 헤매던 리사의 눈에 저 앞쪽에서 몽유병 환자처럼 휘적휘적 걸어가고 있는 덕혜옹주의 뒷모습이 보였다. 겉옷도 걸치지 않은 잠옷 차림에 맨발인 옹주는 누군가에게 이끌리듯 걸어가고 있었다. 리사가 한 달음에 달려가 옹주의 팔을 붙잡았다.

"옹주님, 대체 어디를 가시는 거예요?"

하지만 덕혜옹주는 리사의 목소리를 듣지 못하는 것 같았다. 그녀의 텅 빈 눈은 마치 깊은 동굴처럼 보였다. 그 눈에서 짙은 절망감을 느낀 리사가 울먹이는 소리로 외쳤다.

"옹주님, 대체 왜 이러세요? 제발 정신 좀 차려보세요!"

"리사……."

"네, 옹주님! 저 여기에 있어요!"

"저기 아바마마이신 고종 황제께서 기다리고 계셔. 그리고 그 옆에 서서 어머님이 인자하게 웃고 계시는구나."

"옹주님, 여긴 일본이라고요!"

"나는 아버님께 갈 테야. 어머님께 가서 어리광을 부릴 테야."

"이러시면 안 돼요, 옹주님! 제발 마음을 굳게 잡수세요!"

리사는 덕혜옹주를 끌고 간신히 방으로 돌아갔다. 그리고 영친왕에게 급히 옹주의 정신건강에 심각한 문제가 생긴 것 같다고 보고했다. 날이 밝자마자 의사들이 다시 덕혜옹주를 진찰했다. 진찰을 끝내고 나오는 의사들을 향해 리사와 나란히 서 있던 영친왕이 급히 물었다

"옹주가 갑자기 왜 저러는 거요?"

"으음……, 옹주님은 아무래도 정신분열증 상태에 빠진 것 같습니다."

영친왕과 리사가 동시에 눈을 부릅떴다.

"옹주가 정신병에 걸렸단 말이오?"

"현재로선 그렇게 진단할 수밖에 없습니다."

영친왕이 의사의 손을 와락 잡았다.

"이보시오! 옹주의 나이 이제 고작 열아홉이오! 그런데 정신병이라니?"

"저희들도 유감으로 생각합니다."

"치료는? 치료는 가능하겠소?"

"무엇보다 정신적 안정이 중요합니다. 그 다음에 약물치료를 병행한다면 상태가 호전될 수도 있습니다."

"부탁하겠소. 제발 옹주가 제정신을 차릴 수 있도록 해주시오."

영친왕과 리사는 덕혜옹주의 치료를 위해 최선을 다했다. 이렇

게 덕혜옹주가 정신분열증에 빠지게 된 것은 일본에서의 힘든 생활도 있었지만 1926년 4월에 아버지처럼 의지했던 순종 황제가 승하했다. 그리고 1929년 5월에는 모친인 귀빈 양씨까지 사망했던 것이다. 이렇게 모두를 잃어버린 충격들이 더해져 정신분열증 상태가 나타났다.

그녀는 시시때때로 환상을 보았으며, 몇날 며칠이고 문을 걸어 잠그고 들어가 밖으로 나오려고 하지 않았다. 리사는 어떻게든 덕혜옹주의 마음을 풀어주려고 노력했지만 옹주의 불행은 그녀가 망국의 옹주라는 신분에서 비롯된 것이었으므로 쉽사리 해결될 수 있는 문제가 아니었다.

그즈음 덕혜옹주를 더욱 힘들게 만드는 사건이 발생했다. 일본 왕실에서 일방적으로 덕혜옹주를 혼인시키겠다는 통보를 해왔던 것이다. 영친왕은 오래 전부터 왕실에 덕혜옹주의 정신이 미약하니, 부디 같은 조선인과 결혼할 수 있게 해달라고 부탁했다. 하지만 그의 부탁은 깔끔하게 무시되었고, 일본 귀족가의 한 자제와 결혼을 추진한다는 대답만 돌아왔다.

1931년 3월 27일 덕혜옹주는 지옥과도 같았던 동경 여자학습원을 졸업했다. 하지만 이미 중증의 정신분열증에 시달리고 있었던 그녀는 졸업식에도 참석하지 못했다. 그리고 같은 해 11월 초순에 덕혜옹주와 일본 왕실에서 정해준 정혼자와의 첫 만남이 이루어졌다. 옹주의 정신상태가 매우 불안정하니 만남을 연기해달라는 거듭된 요청이 묵살된 직후였다.

 부우우웅!
 덕혜옹주와 리사는 자동차를 타고 동경 중심부인 긴자를 향해 달려가고 있었다. 그곳의 한 고급 식당에서 정혼자와 점심을 먹기로 했기 때문이다. 다행히 오늘은 아침부터 덕혜옹주의 정신이 맑았다. 화장을 곱게 하고 양장을 차려입은 덕혜옹주는 한 송이 꽃처럼 청초했다. 리사가 화창한 봄의 거리를 멍하니 내다보고 있는 덕혜옹주를 향해 조심스럽게 물었다.
 "옹주님, 지금 어디를 가는 길인지 알고 계세요?"
 "응, 알고 있어. 내 남편이 될 사람을 만나러 가는 거잖아."
 "네, 맞아요. 그런데 기분은 괜찮으세요?"
 "괜찮고 말고 할 게 뭐가 있어? 어차피 내가 거부한다고 해도 막을 수 있는 일이 아니잖아."
 "하긴 그렇군요. 어쨌든 제가 옆에서 지켜드릴 테니, 너무 긴장하지는 마세요."
 "응, 나는 리사만 믿을게."
 오늘따라 착한 아이처럼 대답도 잘하는 옹주가 안쓰러워서 리사는 코끝이 찡해졌다.

 "이쪽으로 오십시오."

고풍스런 분위기의 일본 전통식당에 도착하자, 지배인이 직접 나와 덕혜옹주를 내실로 안내했다. 정원의 연못이 한눈에 내다보이는 다다미방에는 이미 회와 초밥 등으로 이루어진 정찬이 차려져 있었다. 덕혜옹주와 리사가 상 앞에 자리를 잡고 앉았다.

"주빈께선 조금 늦으신다고 미리 식사를 하고 계시라는 연락이 왔습니다."

"알겠습니다."

지배인이 물러가고, 리사와 덕혜옹주는 천천히 식사를 시작했다. 정갈하고도 매우 훌륭한 음식 덕분에 두 사람은 기분이 한결 나아졌다. 그런데 한 십 분쯤 지났을까? 덕혜옹주가 갑자기 젓가락을 소리 나게 내려놓았다.

타악!

어느새 우울하게 변한 옹주의 얼굴을 리사가 걱정스럽게 쳐다보았다.

"갑자기 왜 그러세요, 옹주님?"

"얼굴도 모르는 남자와 결혼이라니, 세상에 나보다 불행한 여자가 또 있을까?"

"옹주님……!"

이즈음 덕혜옹주는 시시때때로 기분이 좋아졌다 나빠지는 조울증에 시달리고 있었다. 급격한 감정의 변화는 덕혜옹주를 더욱 지치게 만들었다. 리사가 점점 창백해지는 덕혜옹주의 얼굴을 걱정스럽게 보았다.

"이제 곧 정혼자께서 나타나실 텐데, 어쩌면 좋아요?"

순간 덕혜옹주가 분통을 터뜨렸다.

"그깟 머저리 녀석 썩 꺼져 버리라고 그래! 나는 죽으면 죽었지 일황의 개와 결혼하지는 않을 거야!"

"쉬잇……! 옹주님, 제발 목소리 좀 낮추세요."

리사가 덕혜옹주의 입을 틀어막으려고 했지만 이미 늦었다. 등 뒤에서 굵직한 남자의 목소리가 들려왔다.

"일황의 개가 방금 도착했습니다."

"……!"

리사가 눈을 부릅뜨고 뒤를 돌아보았다. 순간 낯익은 남자가 입구에 서 있는 게 보였다. 리사가 가늘게 떨리는 손으로 훤칠한 몸에 꼭 맞는 슈트가 기가 막히게 잘 어울리는 남자를 가리켰다.

"다…… 당신은……?"

소 다케유키가 적개심 어린 눈으로 자신을 쳐다보는 덕혜옹주를 향해 머리를 조아렸다.

"안녕하셨습니까, 옹주마마? 소 다케유키가 오랜만에 인사 올립니다."

소 다케유키는 몇 년 전 왕궁에서 우연히 만났을 때처럼 미소를 머금고 있었다. 하지만 그는 그때보다 훨씬 남자다워졌고, 어른스럽게 변해 있었다. 짙은 눈동자에선 연륜이 엿보였고, 완강한 턱에선 남자로서의 의지도 느껴졌다.

"서, 설마 다케유키 씨가 옹주님의 정혼자예요?"

다케유키가 덕혜옹주와 마주앉으며 리사를 향해 씁쓸히 미소 지었다.

"그렇게 되었구나."

"정말 잘 됐어요! 낯선 사람이 나오는 줄 알고 조마조마했거든요!"

"흥! 잘되긴 뭐가 잘 돼?"

덕혜옹주가 코웃음을 치자, 다케유키와 리사가 흠칫 놀라 쳐다보았다. 다케유키의 얼굴을 쏘아보는 덕혜옹주의 눈초리가 살벌했다.

"그래봤자 당신도 내가 좋아서 결혼하는 게 아니잖아. 그냥 왕실에서 시키니까 하는 것뿐이잖아."

"으음……."

다케유키의 표정이 일그러지자, 리사는 안절부절 못했다.

"왜 그러세요, 옹주님? 다케유키 씨는 좋은 사람이라고요."

"모든 일본인들은 다 사악해. 적어도 나한테만은 그래."

"옹주님……!"

리사라고 일본인이 좋은 것은 아니었다. 그들은 덕혜옹주에게 정말 끔찍한 짓을 했다. 그럼에도 리사는 덕혜옹주가 다케유키와 잘 지내기를 원했다. 지금까지의 경험에 비추어 일본이 정한 두 사람의 결혼을 막을 방법이란 없었고, 그렇다면 옹주가 적어도 남편의 사랑이라도 받으며 그동안의 상처를 치유하길 바랐던 것이다. 그런데 첫 만남부터 둘 사이가 틀어지는 것만 같아 리사는 조마조마했다.

씩씩대는 덕혜옹주의 얼굴을 가만히 보던 다케유키가 착 가라앉은 소리로 말했다.

"네, 옹주님의 말씀이 옳습니다. 저 역시 힘없는 대마도의 백작으로서 왕실의 명을 거역할 수가 없었습니다."

"흥! 이제야 실토를 하시는군."

"하지만 이것만은 약속드릴 수 있습니다."

다케유키의 눈빛이 확고하게 변했다.

"우리가 어떻게 만났든 옹주님이 저의 아내가 된 이상, 일평생 옹주님을 존경하고 보살필 것입니다!"

다케유키의 진지한 표정에서 리사는 진심을 읽었다.

"어쩜! 멋있어라!"

하지만 덕혜옹주의 생각은 다른 것 같았다. 옹주는 자신의 생각을 과격하게 표현했다. 앞에 놓인 물잔을 들어 미래의 남편을 향해 냅다 던져 버린 것이다.

"닥쳐라, 이 거짓말쟁이!"

퍼어억!

"꺄악!"

물잔이 다케유키의 이마에 부딪치며 핏방울이 튀자 리사가 비명을 질렀다.

"이 피 좀 봐. 어떡하면 좋아."

리사가 냅킨을 들고 닦아주려고 했지만 다케유키가 손을 뻗어 말렸다. 그가 표독스럽게 눈을 치켜뜨고 있는 덕혜옹주의 얼굴을 똑바로 보며 말했다.

"힘들겠지만 받아들이십시오, 옹주님. 우리에겐 이 결혼을 거부할 힘이 없으므로 서로 최선을 다해 노력하는 수밖에는 없습니다."

"헉…… 헉헉……!"

숨을 헐떡이며 다케유키를 노려보던 옹주의 얼굴이 다시 우울하게 변했다. 덕혜옹주가 언제 사납게 날뛰었냐 싶게 고개를 푹 숙이며 입을 다물었다. 그제야 다케유키가 냅킨을 이마에 대며 옹주의 얼굴을 조용히 지켜보았다. 이때 옹주가 자리를 박차고 일어섰다.

"옹주님, 어딜 가세요?"

"속이 안 좋아. 화장실에 좀 다녀와야겠어."

"제가 모실게요."

"아니야. 나 혼자 다녀올게."

리사를 한사코 말리며 덕혜옹주가 방을 빠져나갔다.

덕혜옹주가 방에서 나가자마자 리사는 다케유키에게 사과했다.

"정말 죄송해요. 아시는지 모르겠지만 옹주님은 정상적인 상태가 아니세요."

"궁내부를 통해 이미 전해 들었답니다."

"하루에도 기분이 몇 번씩 변하세요. 앞으로 오늘보다 더 지독한 일들을 겪게 되실지도 몰라요."

"알고 있어. 하지만 그 또한 내가 받아들여야 할 운명이라고 생각하고 있단다."

담담하게 고개를 끄덕이는 다케유키를 보며 리사는 왠지 그도 덕혜옹주만큼이나 상처가 많은 사람일지도 모른다고 생각했다.

우장창!

"으아앗!"

"꺄악!"

이때 방문 밖에서 테이블이 쓰러지는 소리와 손님들의 비명이 들려왔다.

"이, 이게 무슨 소리죠?"

리사가 눈을 동그랗게 뜨고 돌아보는 순간, 다케유키는 이미 바람처럼 달려 나갔다.

"덕혜옹주님이 또 무슨 사고를 치는 것 같군!"

"당장 꺼져! 꺼져 버려! 날 그냥 내버려두란 말이야!"

덕혜옹주는 홀에서 손님들을 향해 미친 듯이 컵과 접시 등을 집어 던지고 있었다. 널찍한 홀은 순식간에 아수라장으로 변했고, 식사를 하던 손님들은 허리를 숙인 채 이리저리 도망 다니기에 바빴다.

참다못한 지배인과 몇몇 남자손님들이 덕혜옹주를 향해 몰려들었다.

"이봐! 당신 미쳤어?"

"이게 대체 무슨 행패야?"

다케유키가 재빨리 덕혜옹주의 앞을 가로막았다. 그가 확고한 표정으로 성난 남자들을 향해 말했다.

"일단 제 정혼자가 소란을 피운 것에 대해 사과드립니다. 모든 피

해에 대해선 깨끗이 보상해드릴 테니, 일단 진정들 하시죠."

큰 키에 귀공자풍의 미남인 다케유키가 당당하게 말하자, 남자들은 순식간에 기가 죽는 눈치였다. 덕혜옹주를 지키기 위해 당당하게 서 있는 다케유키를 보며 리사는 저런 남자라면 옹주를 맡겨도 좋겠다고 생각했다.

"으응……."

"옹주!"

난동을 부리던 덕혜옹주가 정신을 잃고 쓰러지자 다케유키가 재빨리 안았다.

"옹주! 옹주! 정신을 차리세요!"

덕혜옹주를 흔들던 다케유키가 그녀를 번쩍 안아들더니, 음식점을 빠져나갔다.

"병원으로 모셔야지 안 되겠다!"

"다케유키님, 같이 가요!"

6
슬픈 결혼식

다행히 그날 덕혜옹주는 병원에 도착하는 즉시 깨어났다. 하지만 다케유키와의 상견례는 엉망이 되고 말았다. 리사는 어쩌면 다케유키가 이번 결혼을 거부하기 위해 어떤 조치를 취할지도 모른다고 생각했다. 그렇지만 그에게선 그런 기미는 전혀 보이지 않았고, 드디어 1931년 5월 8일 덕혜옹주와 소 다케유키 백작과의 결혼식이 거행되었다. 이때 덕혜옹주의 나이 고작 열아홉 살이었다.

♩♪~♪♪~♪♫~♫♫~♪♪~♩♩~♩♪~♪♫~♫♫~

널찍한 예식장에서 실내악단이 연주하는 음악이 잔잔하게 울려 퍼지고 있었다. 정장을 차려입은 동경의 유력 귀족들이 모여 화기애애하게 담소를 나누고 있었다. 이때 음악소리가 뚝 그치더니, 안쪽에서 식을 알리는 인사말이 들려왔다.

"신사숙녀 여러분! 대마도의 소 다케유키 백작과 조선의 덕혜옹주의 결혼식이 거행되겠습니다!"

샴페인 잔을 기울이며 대화를 나누던 귀족들이 길게 깔린 붉은 카펫 끝자락에 있는 커다란 문에 시선이 멈추었다. 시종들이 양옆에서 문을 열자 검은색 슈트를 입은 다케유키와 눈처럼 흰 드레스를 입은 덕혜옹주의 모습이 나타났다.

"어쩜, 예쁘기도 하지!"

귀족 아가씨들 사이에 서 있던 리사는 덕혜옹주의 모습에 절로 감탄사를 발했다. 그런 그녀의 등 뒤에서 아가씨들이 숙덕이는 소리가 들렸다.

"덕혜옹주는 왕족과 결혼할 거라는 소문이 돌던데, 다 헛소문이었군."

"최소한 동경의 유력한 귀족가문과는 결혼할 줄 알았는데 그것도 아닌가봐."

"고작 대마도 번주와의 결혼이라니! 창피하게 됐지 뭐야!"

리사가 눈을 치켜뜨며 휙 돌아보았다.

"이것들을 그냥!"

순간 힘찬 결혼행진곡과 함께 신랑과 신부가 행진하기 시작했다. 사방에서 꽃가루가 뿌려지고 박수소리가 터져 나왔다. 하지만 리사는 이 예식장을 채우고 있는 사람들 대부분이 신랑과 신부를 축복하긴 커녕 비웃고 있다는 사실을 잘 알고 있었다. 그럼에도 덕혜옹주의 손을 잡고 걸음을 옮기는 다케유키의 눈빛은 당당했다. 리사가 다케유키를 향해 마음속으로 응원을 보냈다.

'다케유키 씨, 덕혜옹주의 운명은 당신에게 달려 있어요! 그러니 부디 그녀의 손을 놓지 말아주세요!'

덕혜옹주의 얼굴로 시선을 옮긴 리사는 더 이상 응원을 보낼 수만은 없었다. 덕혜옹주는 병자처럼 창백한 얼굴로 실성한 사람처럼 히죽거리고 있었다. 불안정한 눈동자와 비틀린 웃음은 그녀가 정상이 아니란 사실을 말해주고 있었다. 아가씨들이 다시 숙덕이기 시작했다.

"신부가 왜 저렇게 실실거리고 있지?"

"어머, 정신병에 걸렸다는 게 사실인가 봐."

"맙소사! 망국의 옹주에 정신병까지! 따지고 보면 다케유키가 불쌍하게 됐지 뭐야."

결혼식이 끝나고 연회가 시작되었다. 한껏 멋을 부린 귀족 청년들과 아가씨들이 어울려 즐겁게 춤을 추었다. 모든 사람들이 화기애애하게 웃고 떠들며 즐거웠다. 유일하게 오늘의 주인공인 신랑과 신부만 즐거워 보이지 않았다. 덕혜옹주는 식장 구석의 의자에 앉아 계속 실실거리고 있었고, 다케유키는 바로 옆에 어색한 얼굴로 서 있었다. 리사가 쟁반에 음료수 두 잔을 담아 신랑과 신부에게 내밀었다.

"목마르죠? 이거라도 마셔요."

"오, 고맙구나."

다케유키가 음료수 잔을 받으며 빙긋 웃었다. 리사가 이번엔 옹주에게 권했다.

"옹주님도 드세요."

타악!

"으앗!"

하지만 덕혜옹주는 손으로 잔을 쳐내 버렸다. 그 상태에서도 히죽거리는 덕혜옹주의 얼굴을 리사와 다케유키가 난감한 듯 쳐다보았다.

"신랑과 신부도 한 곡 추셔야죠!"

이때 꼭 족제비처럼 생긴 귀족 청년이 몇몇 무리들을 데리고 나타나 이죽거렸다. 다케유키가 정중하게 사양했다.

"죄송하지만 신부께서 몸 상태가 좋지 않으십니다."

그래도 족제비와 일당은 물러가려고 하지 않았다.

"아무리 그래로 결혼식 날 신랑과 신부가 춤 한 번 추지 않는다는 게 말이 됩니까?"

"옳은 말입니다. 어서 플로어로 나오시죠."

"모든 하객들이 기다리고 있습니다."

능글거리는 그들의 웃음에서 신랑과 신부에게 망신을 주려는 의도가 엿보였다. 그렇지만 그들의 요구를 마냥 무시할 수는 없었다. 다케유키가 어쩔 수 없이 덕혜옹주를 향해 손을 내밀었다.

"옹주님, 사람들이 저렇게 원하니 한 곡 추실까요?"

"헤헤……!"

슬픈 결혼식

옹주는 다케유키의 말을 알아듣지 못하는 것 같았다. 족제비와 일당이 그런 옹주를 가리키며 키득거렸다.

"저것 봐. 정신이 완전히 나갔다니까."

"다케유키 녀석, 저런 정신병자와 결혼을 하다니!"

순간 다케유키가 덕혜옹주의 손을 잡고 부드럽게 일으켰다.

"옹주님, 가실까요?"

다케유키가 한 손으론 덕혜옹주의 손을 잡고, 나머지 한 손으로 허리를 받친 채 플로어로 나갔다.

"와아아아!"

"브라보!"

짝짝짝짝짝!

사방에서 박수갈채가 터져 나왔다. 하지만 다케유키는 그것이 자신들 부부를 조롱하는 환호임을 잘 알고 있었다.

'여기서 춤까지 못 추게 된다면 덕혜옹주님은 진짜로 일본 사교계에 한 발자국도 들여놓을 수 없을 거야.'

생각을 정리한 다케유키가 아직도 불안하게 흔들리는 옹주의 눈을 들여다보았다.

"옹주님, 제 눈을 보세요."

"킥킥킥……!"

"아니요, 아니요. 제 눈을 똑바로 보란 말입니다."

가까스로 덕혜옹주와 시선을 마주치며 다케유키가 목소리에 힘을 실었다.

"지금부터 우린 춤을 출 겁니다. 못 추시겠다고요? 그렇게 걱정할 필요가 없어요. 옹주께선 그저 제 눈을 보며 제가 이끄는 대로 움직이시기만 하면 됩니다. 그럼 분명 멋진 춤이 될 거예요."

"……."

다케유키는 옹주가 자신의 말을 모두 알아들었다고 믿기로 했다. 믿어야 희망이라도 품을 수 있을 테니까.

♩ ♪ ~ ♪♪ ~ ♪ ♫ ~ ♫♫ ~ ♪ ♪ ~ ♩ ♩ ~ ♩ ♪ ~

"후우우……! 자, 그럼 시작합니다."

마침내 잔잔하게 음악이 흐르기 시작하자, 다케유키는 덕혜옹주의 허리에 팔을 두르고 움직이기 시작했다. 처음에는 버티던 덕혜옹주도 다케유키의 능숙한 리드에 따라가기 시작했다. 음악에 맞춰 물 흐르듯 플로어를 누비는 신랑과 신부를 지켜보는 귀족들의 입에서 감탄사가 새어나왔다.

"어라, 제법 잘 추잖아?"

"저 옹주가 미친 게 아니었나?"

특히 귀족 아가씨들은 얼굴을 붉힌 채 속삭였다.

"그런데 소 다케유키란 남자 생각보다 근사하지 않아?"

"그러게. 완전 귀공자 스타일이야."

"왠지 조선의 옹주한테 주긴 아까운 거 있지."

하지만 그들의 생각과는 달리 다케유키는 식은땀을 흘리며 혼신의

슬픈 결혼식 107

노력을 기울이고 있었다. 옹주는 시시때때로 다케유키에게서 빠져 나가려고 했고, 그때마다 그는 눈에 힘을 주고 마음속으로 부르짖곤 했다.

'나의 신부여, 조금만 더 힘을 냅시다! 저 들개 같은 무리에게 우리가 그렇게 하찮은 사람들이 아니란 걸 보여주잔 말이오!'

마침내 두 사람의 우아한 춤이 끝났다. 다케유키가 덕혜옹주의 손을 잡고 주위를 에워싼 사람들에게 머리를 숙였다.

"오늘 저희들의 결혼식을 축하해주기 위해 와주신 신사숙녀 여러분께 다시 한 번 감사의 인사를 드립니다."

짝짝짝짝짝!

"와아아아!"

"브라보! 브라보!"

이번만은 진심으로 박수를 치는 일본인들 틈에서 리사도 손바닥이 얼얼해질 정도로 손뼉을 쳤다.

"멋있어요, 덕혜옹주님! 최고에요, 다케유키 백작!"

며칠 후, 덕혜옹주와 다케유키는 동경항을 출발하는 여객선에 몸을 싣고 대마도로 향했다. 남동쪽에서 뜨거운 해풍이 불어오기 시작하는 초여름이었다. 덕혜옹주는 아침부터 우울한 기분에 빠져 객실에서 한 발자국도 나오지 않았고, 다케유키만 갑판 난간에 서서 멀리 푸른 수평선을 응시하고 있었다. 리사가 그의 옆으로 다가가 조심스럽게 물었다.

"다케유키 씨, 궁금한 게 있는데요?"

"응, 그게 뭐지?"

"예식장에서도 그렇고, 왜 덕혜옹주님한테 잘해주는 거예요?"

"……."

"솔직히 덕혜옹주님과의 결혼은 다케유키님한테도 썩 좋은 일은 아니잖아요. 게다가 옹주님의 상태도 그렇고……."

"혹시 내가 대마도 번주 소 요시아키라님의 양아들이었다는 사실을 알고 있니?"

"네, 대충 듣긴 했어요."

"대마도는 일본의 끝자락에 위치한 낙후된 섬이야. 그곳을 다스리는 영주라고 해봤자 동경에서는 길가의 돌멩이처럼 무시나 당하는 하찮은 존재지. 게다가 번주의 정식 핏줄도 아닌 나 같은 사람은 말할 필요도 없겠지."

"으음……."

"덕혜옹주님만은 못하겠지만 나도 못지않은 무시와 멸시를 받으며 자라왔어. 원래 동변상련을 겪은 사람들은 서로에게 끌리기 마련이잖아. 아마 나도 그래서 덕혜옹주님께 끌리게 된 게 아닐까? 다른 건 몰라도 덕혜옹주께서 나를 싫다고 하지 않는 이상, 나도 최선을 다해서 곁을 지켜드릴 생각이야. 그러니까 리사도 나를 믿어주길 바랄게."

"덕혜옹주님이 다케유키 백작 같은 분을 만난 건 정말 행운이에요. 사실 옹주님은 그동안 너무 많은 고생을 겪었거든요."
 다케유키가 고개를 크게 끄덕였다.
 "그래, 이제부턴 우리가 옹주님께 좋은 일만 생기도록 해주자."
 "네, 저도 힘껏 도울게요!"

 대마도는 다케유키의 말대로 소박한 섬이었다. 작은 어선들이 무리지어 정박한 포구에 내리자 검게 그을린 순박한 얼굴의 어민들이 몰려나와 자신들의 영주와 그 부인을 환영했다.
 "어서 오십시오, 덕혜옹주님."
 "진심으로 환영합니다."
 "이곳에서 부디 편안하게 지내십시오."
 하지만 덕혜옹주는 초점 잃은 눈으로 환영인파를 멍하니 바라볼 뿐이었다. 다케유키가 대신 감사의 인사를 하고, 덕혜옹주를 데리고 급히 저택으로 향했다. 백작의 집은 넓고 고풍스런 일본식 저택이었다. 특히나 아름다운 일본식 정원으로 들어서며 다케유키가 새로 단장한 저택을 가리켰다.
 "저곳이 옹주님께서 지내실 집입니다. 어떻습니까? 마음에 드십니까?"
 "……."
 덕혜옹주는 대답하지 않고 멍한 눈으로 저택을 바라보았다. 다케유키가 그런 옹주의 손을 잡고 부러 씩씩하게 걸어 들어갔다.
 "자, 일단 들어가시죠. 먼저 옹주님의 방부터 보여드리겠습니다."

다케유키는 성실하고 정직한 사람이었다. 그는 덕혜옹주가 더 이상 상처받지 않도록 곁에서 지키겠다는 약속에 충실했다. 그는 밤이면 꼭 덕혜옹주와 도란도란 이야기를 나누다가 함께 잠자리에 들었다. 그리고 아침에는 일찍 일어나 옹주가 마실 차를 준비했으며, 점심을 먹고 나선 늘 섬 둘레를 나란히 산책하곤 했다.

문제는 덕혜옹주였다. 그녀의 정신장애는 다케유키의 극진한 보살핌 속에서도 회복될 기미를 보이지 않았다. 지칠 법도 하건만, 다케유키는 더 많은 시간과 공을 들여 덕혜옹주의 마음을 풀어주려고 노력했다. 그의 이러한 노력도 보람 없이 여름이 깊어지는 어느 날, 기어이 사고가 터지고 말았다.

번쩌억-- 콰르르르릉!

세상을 끝장내 버릴 듯 천둥소리와 벼락이 휘몰아치는 밤이었다. 대마도 포구에 모든 어선들이 피신하고, 어부들은 문을 꼭꼭 걸어 잠그고 들어가 비바람을 견디고 있었다. 급격한 날씨의 변화 때문이었을까? 그날 낮부터 덕혜옹주의 상태가 심상치가 않았다.

"고종 황제께서 날 부르고 계셔. 순종 폐하와 어머니도 나를 부르고 계셔."

다케유키가 덕혜옹주를 간신히 달래서 초저녁에야 겨우 재웠다. 완전히 지쳐버린 다케유키와 리사는 거실로 나와 번갯불이 번쩍이고 굵은 빗방울이 쏟아지는 하늘을 보며 늦은 저녁식사를 함께했다. 덕혜옹주와 신혼생활을 시작한지 몇 년 지나지도 않아 다케유키는 한 십 년쯤 폭삭 늙어 버린 것처럼 보였다. 리사가 그의 얼굴을 측은하게 바라보며 말했다.

"다케유키 씨가 정말 고생이 많아요. 보통 남자라면 분명히 견뎌내지 못했을 거예요."

"나는 괜찮아. 다만 옹주의 상태가 점점 악화되는 것 같아 걱정이구나."

다케유키가 애써 미소를 지었지만 그의 두 눈이 절망감으로 그늘 지는 것만은 어쩔 수가 없었다.

"나를 조선으로 돌려보내 줘!"

"!"

갑작스런 목소리에 다케유키와 리사가 깜짝 놀라 돌아보았다. 잠든 줄만 알았던 덕혜옹주가 어느새 식탁 옆으로 다가와 있었다. 그것도 당장이라도 무슨 일을 저지를 듯한 표독스런 얼굴을 하고서. 다케유키가 스윽 일어서며 덕혜옹주를 향해 손을 뻗었다.

"이제 이곳이 옹주의 집이오. 그런데 대체 어딜 가겠다는 말이오?"

"내 몸에 손대지 마!"

"윽!"

덕혜옹주가 버럭 고함을 지르자 다케유키가 멈칫했다. 그가 긴장된 눈으로 씩씩대는 옹주의 얼굴을 바라보았다. 옹주는 그 어느 때보다 심각한 상태로 보였다. 크게 부릅떠진 옹주의 눈에선 절박함과 공포심이 함께 느껴졌다. 다케유키가 최대한 부드러운 목소리로 다시 한 번 설득했다.

"옹주, 나를 기억 못하겠소? 내가 바로 소 다케유키, 당신의 남편 되는 사람이오. 그리고 이곳은 나와 당신이 살고 있는 집이란 말이오."

"내가……, 내가 일본인과 결혼을 했단 말이냐?"

"그래요. 우린 분명 결혼한 사이요."

옹주가 상상조차 못했던 끔찍한 소식을 들은 사람처럼 고개를 절레절레 흔들었다.

"아니야……, 절대 아니야……! 내가 아버지를 죽이고, 나라를 빼앗은 원수와 결혼했을 리가 없다고……!"

"옹주, 그러지 말고 제발 진정을……!"

다케유키가 옹주를 잡으려고 다가가는 순간, 그녀가 비명을 지르며 현관을 향해 달려갔다.

"꺄아악!"

"옹주! 거기 서요!"

콰콰콰콰쾅!

벼락과 비가 몰아치는 저택 밖으로 달려나간 덕혜옹주는 해안가를 향해 달려갔다. 다케유키와 리사가 고래고래 소리를 지르며 쫓아갔다.

"옹주! 바다 쪽은 위험해요! 당장 멈춰요!"

"덕혜옹주님! 그러면 안 돼요!"

하지만 덕혜옹주는 오늘 밤 당장 조선으로 돌아갈 사람처럼 뒤도 돌아보지 않고 달음박질을 쳤다. 어디서 그런 힘이 났는지 옹주는 꽃사슴처럼 날쌔 보였다. 해안가로 향하는 계단으로 접어들 때까지 다케유키는 옹주를 붙잡지 못했다. 좁은 계단 양옆은 깎아지는 듯한 벼랑 아래의 바다였다. 다케유키가 빠르게 계단을 내려가며 잡힐 듯 잡히지 않는 옹주를 향해 다시 한 번 안타깝게 외쳤다.

"옹주, 제발 이러지 마시오! 그쪽은 위험하단 말이오!"

"꺄아악!"

"옹주!"

그리고 기어이 그가 걱정하는 최악의 사태가 벌어졌다. 비에 젖은 계단에서 미끄러지며 균형을 잃은 덕혜옹주가 난간 밖으로 추락해 버린 것이다. 뒤따라오던 리사도 비명을 질렀다.

"꺄아악! 옹주님!"

풍더엉--!

옹주는 그대로 포말이 하얗게 부서지는 바닷속으로 떨어지고 말았다.

"허억…… 허어억……!"

숨을 헐떡이는 다케유키 옆으로 리사가 다가와 울먹였다.

"덕혜옹주님을…… 옹주님을 어쩌면 좋아요……?"

"걱정 마라, 리사. 내가 목숨을 걸고서라도 구해낼 테니."

"하지만 어떻게요!"

파아앗!

순간 다케유키가 바다를 향해 몸을 던졌다.

"꺄아악! 다케유키 씨!"

바다를 향해 다이빙선수처럼 똑바로 떨어지는 다케유키를 향해 리사가 손을 뻗으며 다시 비명을 질렀다. 거센 폭풍우가 몰아치는 밤바다에서 두명 다 살아날 확률은 눈곱만큼도 없을 것 같았다.

"아아, 이젠 정말 끝장이야. 덕혜옹주와 다케유키 모두 불쌍해서 어떡하면 좋아."

리사가 허물어지듯 계단에 주저앉아 눈물을 뚝뚝 흘렸다.

"어, 저게 뭐지?"

순간 리사의 시야에 비현실적인 장면이 들어왔다. 포말이 부서지는 해변을 향해 축 늘어진 덕혜옹주를 끌어안고 필사적으로 헤엄쳐 오는 다케유키의 모습이었다. 벌떡 일어난 리사가 해변을 향해 무작정 달리기 시작했다.

"옹주님! 다케유키 씨! 조금만 더 힘내요!"

"우웨엑! 콜록…… 콜록……!".

해변으로 가까스로 기어 올라온 다케유키는 물을 토하며 기침을 했다. 그의 옆에는 덕혜옹주가 정신을 잃고 쓰러져 있었다. 덕혜옹주의 가슴에 귀를 대보며 리사가 소리쳤다.

"숨을 안 쉬는 거 같아요!"

"저리 비켜봐."

다케유키가 리사를 밀치고 덕혜옹주에게 바싹 다가갔다. 그가 무릎을 꿇고 앉더니 심폐소생술을 시작했다.

"후욱! 후욱! 후욱!"

꽤 긴 시간동안 땀을 뚝뚝 흘리며 심폐소생술을 했지만 덕혜옹주는 깨어날 줄을 몰랐다. 그래도 상태가 호전되지 않자, 그가 옹주의 뺨을 세게 후려치기 시작했다.

"옹주! 옹주! 정신 차리시오! 당신은 이렇게 죽어서는 안 되는 사람이오! 고향으로 돌아가기 위해서라도 살아나야 하지 않겠소?"

"……"

다케유키의 애닳은 외침에도 덕혜옹주는 끝내 반응을 보이지 않았다. 핏기가 완전히 사라진 옹주의 얼굴을 보며 리사가 왈칵 눈물을 쏟았다.

"으흐흑! 덕혜옹주님, 불쌍해서 어떡해."

"크흐흑!"

다케유키도 끓어오르는 슬픔을 이기지 못하고 서럽게 오열했다.

"웨엑!"

덕혜옹주가 울컥 바닷물을 토한 것은 그때였다.

"콜록! 콜록!"

정신없이 기침하는 덕혜옹주를 향해 눈물범벅으로 변한 다케유키와 리사가 동시에 달려들었다.

"옹주, 살아났구려!"

"우와아! 진짜 다행이에요!"

덕혜옹주는 기적적으로 살아 돌아왔다. 며칠 동안 감기증세로 시달렸지만 다행히 생명에는 지장이 없었다. 하지만 다케유키와 그녀의 사이에는 심각한 변화가 생겼다. 변화는 다케유키의 마음속에서 일어났다. 그는 며칠 동안 입을 꾹 다문 채 묵묵히 옹주를 간호했다. 하지만 리사는 그의 마음속에 어떤 변화가 일어나고 있음을 느낄 수 있었다.

"다케유키 씨, 들어가도 돼요?"

폭풍우가 완전히 물러간 한낮에 리사가 다케유키의 방문을 노크했다.

"응, 들어와도 돼."

"헤헤! 고마워요."

다케유키는 책상에 앉아 책을 읽고 있었다. 조선 후기의 실학자인 정약용이 지은 '목민심서'라는 책이었다. 그는 덕혜옹주와 결혼한 이후, 조선과 관련된 서적을 찾아서 읽곤 했다. 그런 식으로라도 아내의 나라에 대해 이해하려고 노력해왔던 것이다.

책상 앞에 놓인 의자에 앉으며 리사가 빙긋 미소 지었다.

"저기……, 요즘 무슨 일 있어요?"

"아니, 왜?"

"요즘 너무 심각한 얼굴로 다니셔서요."

"내가 그랬나?"

"다케유키 씨, 솔직히 말해줘요. 설마 덕혜옹주님과 헤어지려는 건 아니죠?"

"으음……."

선뜻 답하지 못하고 신음을 흘리는 다케유키를 보며 리사는 심장이 오그라드는 기분이었다.

"다케유키 씨! 덕혜옹주님을 절대로 버려선 안 돼요! 덕혜옹주님한테 다케유키 씨 뿐이라고요!"

다케유키가 동굴 속에서 울리는 듯한 목소리로 말했다.

"하지만 그녀는 조선으로 돌아가길 갈구하고 있어. 내 욕심 때문에 그녀를 붙잡아두었다간 지난번처럼 끔찍한 사고가 또 벌어질지도 몰라. 지난번엔 운이 좋았지만 앞으로도 그러리란 보장이 없잖나."

"하지만 덕혜옹주를 진심으로 사랑하고 있잖아요."

"내가 그녀를 사랑한다고 해서 그녀를 이곳에 붙잡아둘 자격이 생기는 건 아니야. 궁내부에 통사정을 해서라도 옹주를 조선으로 돌려보낼 생각이야."

"그러면 안 돼요! 덕혜옹주도 다케유키 씨 곁에 있기를 바란다고요!"

표정이 사납게 변한 다케유키가 리사의 얼굴을 노려보았다.

"그녀가 그렇게 말하던가?"

"네?"

"옹주가 리사 네게 그렇게 말하더냐고?"

"그, 그런 건 아니지만……."

"옹주는 단 한 번도 나를 사랑한다고 말해준 적이 없어. 내 곁에 머물고 싶다고 말한 적은 더더욱 없지. 내가 그녀에게 들은 말은 오직 하나! 조선으로 돌아가고 싶다는 것뿐이었어."

"아아……!"

다케유키의 확고한 태도에 리사는 말문이 막혀 버리고 말았다. 하지만 리사는 알고 있었다. 이렇게 헤어지는 것이 다케유키와 덕혜옹주 모두에게 불행한 일이 되리란 사실을.

리사의 끈질긴 설득에도 다케유키는 고집을 굽히지 않았다. 그는 궁내부의 관리들에게 통사정하고, 인맥을 총동원해서 덕혜옹주의 조선 행을 추진했다. 그가 목적을 이루기 위해 뇌물까지 쓰고 있다는 소문도 들렸다. 리사는 다케유키가 왜 그렇게까지 해서 덕혜옹주를 조선으로 돌려보내려고 하는지 이해할 수가 없었다. 그래서 어느 날인가는 그를 향해 이렇게 소리치기도 했다.

"다케유키 씨는 겉으론 덕혜옹주를 위하는 척하지만 결국 그녀를 조선으로 쫓아보내고 싶은 것은 아닌가요? 다케유키 씨도 이제 정신병을 앓고 있는 덕혜옹주가 지겨워진 거죠?"

"……."

그때마다 다케유키는 대답도 하지 않고 묵묵히 책만 읽곤 했다. 리사는 리사대로 답답해서 가슴을 쿵쿵 두드릴 뿐이었다. 그렇게 시간이 흘러 초가을이 되었을 무렵, 마침내 덕혜옹주가 조선으로 떠날

날이 결정되었다.

　조선으로 출발하기 전날 밤에 리사는 씁쓸한 기분으로 덕혜옹주와 방안의 테이블에 마주앉아 있었다. 덕혜옹주는 자신이 내일 조선으로 떠나는 것을 아는지 모르는지 초점이 불분명한 눈으로 혼자 실실 웃고 있을 뿐이었다.

　리사가 답답한 마음을 견디지 못하고 그녀에게 말했다.

"옹주님, 내일 조선으로 떠나는 건 알고나 계세요?"

"……."

"옹주님은 조선으로 가고 싶다며 바다에 뛰어들기까지 했지만, 나는 그게 옹주님의 진심은 아니라고 생각해요. 표현은 못하지만 옹주님도 실은 다케유키님을 사랑하고 있잖아요. 그분의 지극한 사랑을 가슴으로 느끼고 있잖아요."

"……."

"난 정말 모르겠어요. 이대로 떠나는 게 옹주님을 위해 정말 옳은 일인지 말이에요. 서로 사랑하는데도 헤어지는 게 과연 옳은 일일까요?"

"……."

　리사의 애끓는 마음을 아는지 모르는지 덕혜옹주는 대답이 없었다. 이때 방문이 열리면서 다케유키가 커다란 상자를 들고 들어왔다.

"다케유키 씨!"

"옹주님은 좀 어떠시니?"

"똑같으세요. 그런데 그게 뭐예요?"

"내일 떠나시는 옹주님을 위해 준비한 선물이란다."

"선물이요?"

다케유키가 상자를 열자 고운 한복이 나타났다. 다케유키가 조심스럽게 그것을 꺼내며 말했다.

"옹주님께 선물하기 위해 동경의 명인에게 가서 직접 지은 한복이란다. 옹주님께 한 번 입혀보고 싶은데, 좀 도와주겠니?"

"네, 알겠어요."

리사가 덕혜옹주를 살살 달래며 일으켜 세우자 다케유키가 한복을 입혀주기 시작했다. 다케유키가 진지한 표정으로 덕혜옹주의 양장을 벗기고 한복으로 갈아입혔다. 옹주가 시시때때로 몸을 비틀며 짜증을 부렸으므로, 그것은 결코 쉬운 작업이 아니었다. 하지만 다케유키는 이마에 땀방울이 송글송글 맺힌 상태에서도 불평 한 마디 하지 않았다.

"후우우, 이제야 대충 끝난 것 같구나!"

"와! 진짜 이뻐요!"

오랜만에 한복을 입은 덕혜옹주를 보며 리사도 감탄사를 발했다. 진홍색 저고리에 새파란 치마를 입은 덕혜옹주는 창덕궁에서 처음 마주쳤을 때처럼 생기발랄해 보였다. 마치 그 행복했던 시절로 돌아가 있는 듯한 착각마저 들었다. 리사가 다케유키를 돌아보며 싱긋 미소를 지었다.

"정말 좋은 선물을……."

그러나 리사는 말을 끝맺을 수가 없었다. 다케유키의 눈가가 촉촉이 젖어 있는 것을 발견했기 때문이다.

"다케유키 씨?!"

다케유키의 눈에서 기어이 눈물 한 방울이 주르륵 흘렀다.

"우리 옹주님 정말 아름답지 않니? 나는 세상에 태어나 이렇게 아름다운 여인을 본 적이 없구나. 아마도 죽는 날까지 이 모습을 잊을 수가 없을 것 같다."

'그렇게 좋으면 보내지 말아요! 그렇게 애틋하면 붙잡아요! 사랑하면서 왜 떠나보내려고 하는 거예요? 대체 왜요?'

리사는 다케유키를 향해 외치고 싶었다. 하지만 자신의 생각을 입 밖으로 내뱉을 수는 없었다. 덕혜옹주를 진정 사랑하지만 그녀를 위해 사랑을 떠나보낼 수밖에 없는 그의 마음을 어렴풋이 알 것도 같았기 때문이다.

"옹주, 마지막으로 한 번만 안아보고 싶소. 조선으로 돌아가도 부디 행복하길 바라겠소."

다케유키가 슬픔의 눈물을 흘리며 덕혜옹주를 안았다. 덕혜옹주도 무엇을 느꼈는지 오늘만은 남편의 품속에서 얌전했다.

다음날 아침 일찍 대마도 포구에 조선으로 향하는 여객선이 입항했다. 다케유키가 선물한 한복을 곱게 차려입은 덕혜옹주는 리사와

여객선 앞에 나란히 서 있었다. 다케유키가 두 사람을 배웅하고 있었다. 지난밤에 비하면 다케유키는 훨씬 편안해 보였다. 그가 덕혜옹주의 손을 잡으며 마지막 작별인사를 나누었다.

"옹주, 부디 무사히 돌아가시오. 그리고 이곳에서의 나쁜 기억은 모두 잊고, 좋았던 기억만 간직하길 바라겠소."

"헤헤!"

덕혜옹주는 이번에도 배시시 웃기만 했다. 다케유키가 리사에게로 시선을 옮겼다.

"리사, 덕혜옹주를 잘 부탁한다."

"네, 최선을 다할 테니 걱정하지 마세요."

부우우우--!

이때 뱃고동이 길게 울리자, 다케유키가 어서 타라며 손짓을 했다.

"배가 곧 떠날 모양이다. 이제 그만 탑승해라."

"다케유키 씨, 건강하세요."

"그래, 리사 너도 건강하렴. 그리고 옹주마마도 부디……."

덕혜옹주를 바라보는 다케유키의 눈시울이 붉어졌다.

리사가 덕혜옹주의 허리에 팔을 두르고 돌아섰다. 리사는 덕혜옹주가 세상에서 자신을 가장 사랑해주는 남편 없이 어떻게 살아갈 수 있을지 진정 걱정스러웠다.

"덕혜옹주님, 조선으로 돌아가게 돼서 기뻐요? 하지만 조선으로 가면 사랑하는 남편 다케유키와 영원히 헤어지게 된다고요. 나는 이게 정말 잘하는 일인지 모르겠어요."

"다케유키……?!"

배로 오르던 중 덕혜옹주가 남편의 이름을 되뇌며 우뚝 멈춰 섰다. 눈을 크게 뜬 채 몸을 가늘게 떠는 덕혜옹주를 리사가 의아한 듯 돌아보았다.

"왜 그래요?"

"다케유키, 다케유키……!"

"이제야 남편의 이름이 떠오르는 거예요? 지금이라도 그의 곁에 있고 싶다고 말해요. 그럼 그는 분명 옹주님을 붙잡을 거예요."

"우욱!"

덕혜옹주가 헛구역질을 하며 털썩 주저앉은 것은 그때였다. 리사가 덕혜옹주의 팔을 붙잡으며 놀라 외쳤다.

"옹주님, 갑자기 왜 그래요? 어디 아파요?"

"우웩! 웨에엑!"

덕혜옹주는 대답하지 않고 계속 헛구역질만 해댔고, 리사는 어떻게 해야 좋을지 몰라 전전긍긍했다. 결국 아래서 배웅하던 다케유키까지 놀라 뛰어 올라왔다.

"왜 그러시오? 어디가 안좋은 거요?"

"아아……!"

간신히 구역질을 멈춘 덕혜옹주가 한손으로 아랫배를 쓰다듬으며 신음을 흘렸다.

"옹주……?"

"다케유키 씨……."

덕혜옹주가 처음으로 또렷하게 자신의 이름을 불러주자, 다케유키는 오히려 당황했다. 그러고 보니 옹주의 눈은 어느새 초점이 선명하게 잡혀 있었다.

"말씀을 해보시오. 대체 무슨 일이오?"

"다케유키 씨, 내가 당신의 아기를 가진 거 같아요."

"……!"

다케유키가 너무 놀란 나머지 그 자리에 그대로 굳은 듯이 서 있기만 했다. 언제나 침착함을 잃지 않는 그가 이렇게까지 놀라는 것은 매우 드문 일이었다. 한동안 아무 말도 못하고 덕혜옹주의 얼굴을 뚫어져라 바라보던 다케유키가 심하게 갈라지는 소리로 입을 열었다.

"한 번만……, 한 번만 더 말해주시오……. 우리에게 무엇이 생겼다고요?"

"우리에게 아이가 생겼다는 말씀을 드리고 있어요."

"사랑하오, 옹주! 내 목숨보다 더 당신을 사랑하오!"

콰아악!

다케유키가 더 이상 말이 필요 없다는 듯 덕혜옹주를 끌어안았다.

7
뜻밖의 선물

　임신을 계기로 덕혜옹주는 대마도에 남게 되었다. 더욱 기쁜 소식은 임신과 함께 덕혜옹주의 정신병이 어느 정도 회복되는 기미를 보이기 시작했다는 것이다. 그 후 출산을 할 때까지의 일 년 가까운 시간이 덕혜옹주와 다케유키 부부에겐 가장 행복한 시절이었다. 부부는 아침이면 손을 잡고 소나무가 우거진 해변을 산책했고, 저녁이면 바다가 보이는 테라스에 나란히 앉아 수평선이 붉게 물들어가는 것을 지켜보았다. 그럴 때면 다케유키는 동화책을 꺼내 뱃속의 아기를 위해 읽어주곤 했다. 다케유키가 한 손으로 책을 잡고 나머지 한 손으로 점차 불러오는 배를 어루만져줄 때마다 덕혜옹주는 행복에 겨운 미소를 지었다. 이제 비련의 옹주에게도 오랜 시련이 물러가고 희망찬 시간이 시작되는 것처럼 보였다.

"꺄아아악!"

그로부터 정확히 10개월 후인 1932년 8월 14일 대마도의 저택에서 덕혜옹주의 고통스런 비명소리가 울려 퍼지고 있었다. 난산 중의 난산이었다. 산파들과 의사들이 새벽부터 부리나케 산실을 들락거렸지만 해가 저물도록 아기의 울음소리는 들려오지 않았다.

"어떡하지? 어떡하면 좋지? 내가 대신 아파줄 수는 없는 걸까?"

산실 앞으로 미친 사람처럼 서성이는 다케유키를 향해 리사가 말했다.

"제발 진정하고 차분히 기다려요. 지금은 다케유키 씨라도 평정심을 유지하는 게 중요하다고요."

하지만 그의 귀에는 이미 아무 소리도 들리지 않는 것 같았다.

"저러다 옹주와 아기가 잘못되면 어떡하지? 그러면 나는 도저히 살아갈 수가 없는데 어떡하면 좋지?"

"후우우……."

더 이상 설득할 힘도 없어서 리사가 한숨을 푹 쉬며 산실을 돌아보았다.

"응애애애!"

갓난아기의 힘찬 울음소리가 울려 퍼진 것은 그때였다.

"아기가 나왔나 봐요!"

다케유키와 리사가 동시에 외치며 산실을 향해 달려갔다. 안으로 들어가니 땀투성이로 변한 덕혜옹주 옆에 갓 태어난 아기가 포대기에 싸인 채 누워 있었다. 산파가 다케유키를 향해 빙그레 웃으며 말했다.
"축하드립니다. 예쁜 아가씨가 태어나셨습니다."
"고맙소. 정말 고맙소."
감격스런 얼굴로 아기의 얼굴을 들여다보던 그가 산모의 손을 잡았다.
"정말 고생했어요. 당신을 꼭 닮은 어여쁜 딸을 낳아주다니, 나는 얼마나 감격스러운지 모르겠소."
"당신에게 늘 고마웠어요. 우리 아기가 당신에게 작은 보답이라도 되길 바랍니다."
"사랑하오, 덕혜."
"사랑해요, 다케유키."
두 사람이 눈물을 흘리며 서로의 얼굴을 하염없이 바라보았다.

다케유키는 딸아이의 이름을 소 마사에라고 지었다. 마사에는 엄마와 아빠의 극진한 사랑 속에 무럭무럭 자라났다. 저택에선 마사에가 재롱을 부리는 소리와 그를 보고 즐거워하는 부부의 웃음소리가 끊이질 않았다. 덕혜옹주의 가족에게 이보다 행복한 시절은 없었다. 마사에의 세 번째 생일을 맞아 부부가 시라다케산으로 소풍을 갔다.
햇살 화창한 봄날, 부부는 해송이 우거진 숲길을 마사에의 손을 잡고 걸었다. 마사에가 부부에게 채근했다.

"아빠! 엄마! 비행기! 비행기!"

덕혜옹주와 다케유키가 딸의 손을 잡은 채 팔을 번쩍 들어 올리며 달려갔다. 그럼 마사에가 정말 비행기라도 타고 있는 듯 해맑게 웃었다.

"꺄르르르!"

찰칵!

앞장서 걸어가던 리사가 빙글 돌아서며 카메라 셔터를 눌렀다. 그렇게 세 가족의 가장 행복한 순간이 한 장의 사진으로 남았다.

신은 참으로 이상해서 행복과 불행을 연이어 내리신다. 아마도 이 기적인 인간들이 행복에 취해 자신의 존재를 잊을까봐 그러는지도 모르겠다. 아무리 그렇더라도 덕혜옹주의 경우는 신이 너무 가혹했다는 생각을 지울 수가 없었다. 딸 마사에를 가지면서 정신이 돌아오고, 남편과 딸아이를 키우면서 행복을 느낀 그 짧은 시간에 비해 그녀가 감당했던 고통의 시간은 너무도 길었기 때문이다.

늦봄의 어느 아침, 덕혜옹주는 빛살이 따사롭게 비추는 거실에 앉아 마사에가 쓰기공부를 하는 것을 도와주고 있었다. 리사도 약간 떨어진 곳에서 오랜만에 느긋하게 책을 읽으며 두 모녀를 지켜보고 있었다.

이때 머리를 긁적이며 공책을 내려다보던 마사에가 엄마에게 불쑥 물었다.

"엄마, 이게 무슨 글자에요? 마사에 이 글자를 모르겠어요."

"……."

덕혜옹주는 딸의 질문에 답하지 않았다. 그녀는 딸에게서 고개를 돌리고 정원을 물끄러미 보고 있었다. 리사 쪽에서도 그녀의 뒤통수밖에 보이지가 않아 표정을 읽을 수가 없었다. 마사에가 엄마의 치맛자락을 끌어당기며 다시 물었다.

"엄마! 엄마! 마사에, 이 글자 모르겠다니까요."

그제야 덕혜옹주가 천천히 고개를 돌렸다. 그리고 매우 낯선 시선으로 마사에의 얼굴을 쳐다보았다.

"엄마……?"

불안해진 마사에가 고개를 갸웃하는 순간, 덕혜옹주의 입이 열렸다.

"너는 누군데 나보고 자꾸 엄마라고 하는 거니?"

너무 놀란 리사가 자리를 박차고 일어서며 소리를 질렀다.

"옹주님! 설마 또?!"

덕혜옹주의 정신병이 재발했다. 일단 재발하고 나자, 해가 거듭될수록 병세는 급속도로 악화되었다. 덕혜옹주는 시시때때로 마사에를 알아보지 못했고, 남편인 다케유키도 알아보지 못했다. 무엇보다 어린 마사에의 충격이 컸다. 세상의 전부라고 여겼던 엄마가 자신을 낯선 아이처럼 쳐다보는 것은 어린 가슴에 영원히 씻기지 않을 상처로 남았다. 괴롭기는 덕혜옹주도 마찬가지였다. 가끔 맑은 정신이 돌아오면 그녀는 딸을 부둥켜안고 눈물을 펑펑 쏟았다.

"흑흑! 미안하구나, 마사에. 엄마가 이렇게 어여쁜 우리 딸의 얼굴조차 기억 못하다니!"

그러면 마사에는 엄마의 뺨에 흐르는 눈물을 닦아주며 오히려 위로하곤 했다.

"괜찮아, 엄마. 아빠가 말하길, 엄마가 병이 들어서 그런다고 했어. 마사에는 엄마를 사랑하고 또 이해하고 있어요."

"으흐흑! 마사에!"

착한 딸을 안고 눈물을 펑펑 쏟는 덕혜옹주를 보며 다케유키도 리사도 눈물을 글썽이곤 했다.

마사에가 어느새 초등학교에 입학할 나이가 되었다. 오랜만에 정신이 돌아온 덕혜옹주는 딸의 입학식에 꼭 참석하고 싶어 했다. 물론 마사에도 엄마의 참석을 간절히 원하기는 마찬가지였다. 여러 가지 걱정되는 일이 없지 않았지만, 다케유키는 덕혜옹주와 입학식에 가기로 결정했다.

대마도의 한 초등학교에서 마사에를 비롯한 신입생들의 입학식이 진행되었다. 덕혜옹주와 다케유키 부부는 나란히 서서 가슴에 큼직한 이름표를 붙인 채 선생님의 질문에 씩씩하게 답하는 딸아이를 사랑스럽게 지켜보고 있었다. 문제는 교단 위에서 축사를 하던 교장이 다케유키와 덕혜옹주 부부를 알아보면서 시작되었다. 배불뚝이 교장이 마이크에 대고 전교생에게 이렇게 말했던 것이다.

"아아, 여러분. 지금 우리 학교에는 매우 존귀한 분이 와 계십니다. 이번에 우리 학교에 입학한 마사에 양의 어머니이자, 조선의 옹주인 덕혜옹주님께서 와 계신 것입니다. 여러분, 덕혜옹주님을 이 자리로 모셔서 축사를 듣는다면 여러분 모두에게 크나큰 영광이 아닐까요?"

"네에!"

학생들이 일제히 자신을 쳐다보며 씩씩하게 대답하자, 덕혜옹주는 크게 당황했다.

"나, 난 못해요. 연설 같은 건 할 줄도 몰라요."

극도로 불안해하는 덕혜옹주를 다케유키가 진정시켰다.

"나가지 않아도 좋으니까 제발 진정해요."

하지만 교장은 포기하지 않고 끈질기게 덕혜옹주를 불렀다.

"덕혜옹주님! 그러지 말고 이리 나와서 한 마디만 해주시죠. 따님과 친구들이 애타게 옹주님의 말씀을 기다리고 있습니다."

아닌 게 아니라 마사에가 눈을 초롱초롱하게 빛내며 자신을 쳐다보자, 덕혜옹주도 더 이상 가만히 있을 수 없게 되었다.

"아, 아무래도 나가봐야 할 것 같아요."

"정말 괜찮겠소?"

"축하한다고 짧게 한 마디만 하고 돌아올 거예요. 그 정도는 괜찮을 거예요."

스스로를 달래며 덕혜옹주가 천천히 교단 위로 올라갔다. 교장이 옆으로 슬쩍 물러서며 말했다.

"모두들 박수!"

"와아아!"

짝짝짝짝!

우레와 같은 박수소리와 함께 모두의 시선이 자신에게 쏠리자 덕혜옹주는 눈앞이 하얗게 되는 것 같았다. 아찔한 현기증을 느끼며 그녀가 양손으로 눈앞의 마이크를 움켜쥐었다.

'어린이 여러분, 입학을 진심으로 축하합니다. 그 한 마디면 돼, 그 한 마디만 하고 내려가면 돼.'

덕혜옹주는 필사적으로 입을 열려고 노력했다. 그러나 접착제로 붙여놓은 듯 그녀의 입은 떨어지지 않았다. 그녀는 양손으로 마이크를 잡은 채 딸을 위해 용기를 내려고 필사의 노력을 기울였다. 하지만 노력은 노력으로만 끝날 뿐, 그녀는 아무것도 할 수가 없었다. 침묵이 길어지자, 학생들이 수군거리기 시작했다.

"저 아줌마 왜 저러지?"

"혹시 벙어리인가?"

"어, 저 아줌마 얼굴이 점점 창백해지고 있어."

"흐흑, 엄마……!"

눈물을 글썽이는 마사에와 시선이 딱 마주치는 순간, 덕혜옹주는 자신의 의식을 지탱해주던 회로 같은 게 뚝 끊어지는 소리를 들었다.

"으응……!"

풀썩!

덕혜옹주가 정신을 잃고 쓰러지자, 다케유키와 리사가 웅성거리는 사람들을 헤치고 전속력으로 달려갔다.

"비켜요! 비켜주세요!"

"으와앙! 엄마!"

어린 마사에는 엄마가 죽은 줄 알고 공포에 질려 눈물을 쏟고 있었다.

그날의 사건 이후, 덕혜옹주의 상태는 더욱 나빠졌다. 마사에를 알아보는 시간이 점점 줄어들었고, 그런 시간에 딸이 안기기라도 하면 불같이 화를 냈다. 그러다 또 정신을 차리면 죄책감에 몸부림치는 일이 반복되었다. 급기야 마사에도 엄마를 무서워하며 슬금슬금 피하기 시작했다. 그런 딸을 보며 덕혜옹주는 비탄의 눈물을 흘렸다.

"마사에는 내 인생의 등불과도 같은 아이였어. 그런데 이제 저 아이마저 나를 미워하고 있어. 내 인생은 온통 암흑만이 남아 있을 뿐이야."

다케유키가 슬픔에 잠긴 아내를 달래려고 노력했다.

"그렇지 않아요, 옹주. 마사에 그 아이는 예나 지금이나 변함없이 엄마를 사랑하고 있다오."

"그렇지가 않아요! 그 아이는 이 못난 엄마를 미워하고 있는 게 분명해요!"

"후우우……. 나와 마사에는 당신을 위해 모든 것을 해주고 싶은데, 우리의 노력이 당신에게 별 도움이 되지 않는 것 같아 가슴이 아플 뿐이오."

안타까운 마음에 다케유키도 아내를 끌어안으며 눈물을 흘렸다.

그로부터 몇 년 후에 마사에가 중학생이 되었을 때, 덕혜옹주는 입학식에 가지 않았다. 초등학교 때의 잘못을 반복하고 싶지 않았기 때문이다. 하지만 집안에 리사와 단둘이 남은 그녀는 전전긍긍했다.

"옹주님, 대체 왜 그래요?"

"마사에……, 마사에……."

눈물을 글썽이는 덕혜옹주를 향해 리사가 물었다.

"마사에가 중학생이 되는 모습을 보고 싶어서 그래요?"

"보고 싶어……, 보고 싶어……."

"으음……."

잠시 망설이던 리사가 옹주의 손을 잡고 일어섰다.

"좋아요! 그럼 우리 지금이라도 가봐요!"

두 사람은 자동차를 타고 근처의 중학교로 향했다.

학교 운동장에선 입학식이 한창 진행 중이었다. 흰 옷깃이 달린 교복을 입은 남녀 학생들이 줄을 맞춰 서서 교장의 연설에 귀를 기울이고 있었다. 덕혜옹주와 리사는 운동장 구석의 커다란 나무 뒤에 숨어 마사에의 모습을 찾았다. 오리 무리 사이에 끼어 있는 백조처럼 기품이 넘치는 마사에의 모습을 찾는 것은 그리 어려운 일이 아니었다. 딸의 모습을 발견한 덕혜옹주의 표정이 환해졌다.

"어쩜! 우리 딸 예쁘기도 하지."

"마사에는 정말 예뻐요. 하긴 아빠와 엄마가 아름다우니 당연한 일이겠지만."

"저 아이는 나한테는 보석과도 같은 존재야."

"알고말고요."

눈물을 글썽이는 덕혜옹주를 보며 리사가 고개를 끄덕였다. 그런데 이때 문제가 생겼다. 운동장에 도열한 학생들이 제국주의 일본의 국가인 기묘가요를 부르기 시작했던 것이다.

"지, 지금 기미가요가 나오면 안 되는데……!"

리사가 걱정스런 눈으로 덕혜옹주를 돌아보았다. 기묘가요는 덕혜옹주에게는 악몽과도 같은 노래였다. 그녀는 고종이 일본에 의해 강제로 폐위되는 자리에서 저 노래를 들었고, 오라버니인 순종이 서거하는 날에도 저 노래를 들었으며, 지옥 같았던 일본에서의 학창시절 내내 저 노래를 들어야만 했다. 기미가요는 일본 제국주의의 상징이었고, 덕혜옹주에겐 악몽을 떠올리는 저주의 상징이었다.

"으으…… 으으으……!"

아니나 다를까, 덕혜옹주가 양손으로 머리를 감싼 채 부들부들 떨기 시작했다.

"옹주님, 정신 차려요. 이건 그냥 노래에 불과해요. 마사에를 생각해서라도 제발……."

리사가 어떻게든 옹주를 설득해보려고 노력했다. 하지만 눈을 하얗게 까뒤집고 있는 그녀는 이미 제정신이 아니었다. 리사가 필사적으로 덕혜옹주를 부축하고 자동차 쪽으로 이끌었다.

"옹주님, 그만 집으로 돌아가요!"

집으로 돌아오는 마사에의 표정은 밝지 않았다. 딸과 나란히 정원을 가로지르던 다케유키가 걱정스럽게 물었다.

"마사에, 표정이 밝지 않구나?"

"……."

"마사에?"

"흐흑!"

"!"

딸이 걸음을 우뚝 멈추며 눈물을 터뜨리자, 다케유키는 당황했다.

"왜 그러니? 대체 무슨 일이야?"

"으흑! 나는 나쁜 딸인가 봐요, 아빠!"

자신의 품에 와락 안기는 마사에의 등을 다케유키가 부드럽게 쓸어주었다.

"아니야, 아니야. 너는 정말이지 우리에겐 천사 같은 딸이란다."

뜻밖의 선물

"아빠한텐 그럴지도 모르죠. 하지만 엄마한텐 분명히 나쁜 딸일 거예요."

"마사에……."

"엄마가 아파서 그러는 줄 알면서도 저는 엄마를 피하고 부끄럽게 생각했어요. 저 때문에 엄마는 얼마나 속이 상했을까요? 특히 오늘 제 중학교 입학식에 오지 못하셔서 몹시 슬퍼하고 계실 거예요."

다케유키가 딸의 머리를 쓰다듬으며 빙그레 미소 지었다.

"그렇지 않아. 엄마는 다 이해하고 계실 거야."

"지금 당장 엄마한테 달려가 꼭 안아드려야겠어요"

엄마에게 달려가는 마사에의 뒷모습을 다케유키가 애정 가득한 눈으로 지켜보았다.

"옹주, 당신의 어린 시절도 저렇듯 순수했겠지?"

"엄마!"

마사에가 방문을 벌컥 열어젖히고 들어왔다. 그리고 침대에 걸터앉아 있는 덕혜옹주를 향해 달려갔다.

콰아악!

"엄마, 사랑해요!"

마사에가 엄마에게 와락 안겼다. 그리고 엄마의 가슴에 뺨을 비비며 울먹였다.

"제가 잘못했어요. 이제부턴 엄마의 착한 딸 마사에로 돌아올게요."

"……."

"엄마?"

엄마가 답이 없자 마사에가 당황한 눈으로 엄마를 쳐다봤다. 순간 그녀는 적의에 가득 찬 덕혜옹주의 눈과 마주쳐야 했다.

"어……, 엄마……. 저예요. 엄마 딸 마사에라고요."

"마사에……? 그건 일본 이름인데? 그렇다면 너는 일본인이겠구나?"

"저야 당연히……."

덕혜옹주가 갑자기 마사에의 목을 조르며 쓰러뜨렸다.

"죽어랏!"

"꺄악!"

덕혜옹주가 아예 딸을 깔고 앉으며 미친 듯이 악을 썼다.

"죽일 거야! 나를 괴롭히는 일본놈들을 모조리 죽여 버릴 테야!"

"케켁……! 엄마, 제발……!"

콰앙!

"옹주님, 안 돼요!"

덕혜옹주가 먹을 과일을 가지고 들어오던 리사가 옹주에게 달려들었다. 리사가 옹주를 마사에로부터 떨어뜨리려고 애를 썼지만 비정상적인 상태인 그녀의 힘을 당해낼 순 없었다.

쫘아악!

"아악!"

뜻밖의 선물 143

덕혜옹주가 휘두른 손등에 맞은 리사가 쓰러졌다.

"켁…… 케헥……!"

엄마의 손에 목이 졸리며 마사에의 안색이 흑빛으로 변해갔다. 그 순간, 다케유키가 뛰어 들어왔다.

"여보! 우리의 마사에를 해칠 생각이야?"

"꺄악!"

이번엔 덕혜옹주가 비명을 지르며 쓰러졌다. 다케유키가 가쁜 기침을 토하는 딸을 재빨리 일으켜 세웠다.

"콜록! 콜록!"

"마사에, 괜찮니?"

"저, 전 괜찮아요. 하지만 엄마가……."

덕혜옹주는 입언저리에서 피를 흘리며 멍하니 있었다. 다케유키가 옹주를 향해 걱정스럽게 물었다.

"옹주, 괜찮소? 정신이 돌아온 거요?"

덕혜옹주가 생기라곤 느껴지지 않는 목소리로 답했다.

"네, 정신이 맑아진 거 같아요."

덕혜옹주가 두 손으로 머리를 감싸며 마사에를 쳐다보았다.

"그런데…… 그런데……, 내 손으로 마사에를 해칠 뻔하다니, 나는 드디어 완전히 미쳐 버린 걸까요?"

"……."

이번만은 다케유키도 아니라고 선뜻 말하지 못했다. 마사에가 오히려 엄마를 향해 외쳤다.
"엄마, 전 괜찮아요. 그러니까 자책하지 마세요."
"우리 딸……, 착하기도 하지."
눈물을 주르륵 흘리며 덕혜옹주가 말했다.
"다케유키, 난 이제 어쩌면 좋죠?"

8
우리에게 가장 소중한 것

    1945년 여름 오후에 다케유키가 집으로 뛰어 들어왔다. 평소의 침착함을 잃고 얼굴이 땀투성이로 변한 다케유키가 덕혜옹주의 손을 와락 잡고 흥분된 목소리로 말했다.
    "옹주, 기뻐하시오! 드디어 조선이 해방이 되었소!"
    "……."
    조국이 해방되었다는 말을 듣고도 덕혜옹주는 별 반응이 없었다. 그런 아내의 볼을 쓰다듬으며 다케유키는 감격에 겨운 소리로 말했다.
    "나는 당신도 실은 간절하게 조선의 해방을 바랐다는 사실을 알고 있소. 그래서 나는 일본인이지만 그 어떤 조선인보다 기쁘다오. 조선이 일본의 압제에서 벗어나 벅찬 희망을 품게 되었듯이 당신의 병도 나아지면 좋겠소."

초점을 잃고 멍하니 있던 덕혜옹주의 눈빛이 아주 잠깐 반짝이는 것을 다케유키는 보았다.

하지만 다케유키의 희망과 달리 덕혜옹주의 병은 날로 더 악화돼 가기만 했다. 그러다 결국 1946년 덕혜옹주는 마쓰자와 도립 정신 병원에 입원했다. 병원에 입원한 후, 덕혜옹주는 지독한 우울증에 시달렸다. 딸 마사에에 대한 그리움 때문이었다. 남편 다케유키는 한 달에 몇 번씩 면회를 왔지만 덕혜옹주는 마사에의 면회만은 극구 거부했다.

"그 아이는 이제 자신의 인생을 살아야 해요. 엄마란 존재는 그 아이에게 짐만 될 뿐이에요."

그녀의 태도가 완강했으므로 다케유키도 딸을 데려오지 않았다. 다케유키가 왔다가 돌아간 날 밤에는 덕혜옹주는 쉽게 잠이 들지 못했다. 어둠에 물들어가는 창밖을 바라보며 그녀는 쓸쓸히 중얼거리곤 했다.

"마사에는 지금쯤 얼마나 자랐을까? 아마 벌써 아가씨 티가 나기 시작할 거야. 아아……, 그 아이는 또 얼마나 아름다워졌을까? 리사, 너도 보고 싶지 않니?"

침대 옆에서 과일을 깎아주며 리사도 고개를 끄덕였다.

"물론 보고 싶어요. 마사에도 분명 엄마를 닮아 눈부시게 예쁜 아가씨가 되어 있을 거예요."

"그래, 그래. 분명히 그럴 거야."
"옹주님, 울지 말아요. 모든 일이 잘 풀릴 거예요."
리사가 덕혜옹주의 뺨을 타고 흐르는 눈물을 닦아주었다.

겨울이 되면서 덕혜옹주의 우울증은 더욱 심해졌다. 낮의 길이가 짧아지고 병원을 에워싼 참나무 숲이 눈에 덮이면 덕혜옹주는 온종일 거의 말을 하지 않고 눈 쌓인 풍경을 하염없이 바라보았다. 그럴 때면 다케유키가 면회를 와도 눈길 한 번 주지 않았다. 그래도 다케유키는 아내의 곁에 앉아 온종일 시시콜콜한 얘기를 들려주곤 했다. 집 앞마당의 연못에서 키우는 잉어들이 새끼를 잔뜩 낳았다는 둥, 몇 년 전 함께 심은 사과나무에서 첫 수확을 거두었다는 둥, 대마도는 올 가을 유례없는 풍어기를 맞아 어부들의 지갑이 두둑해졌다는 둥.

하지만 무엇보다 다케유키가 가장 많이 들려주는 건 마사에에 대한 소식이었다.

"여보, 우리 마사에가 이제 정말 처녀가 되었다오. 그 아이는 당신을 쏙 빼닮았지. 그 아이의 윤기 나고 풍성한 흑발과 짙은 눈썹과 달걀형인 예쁜 얼굴을 볼 때마다 나는 어쩔 수 없이 당신을 떠올리곤 해. 마사에는 영문학에 관심이 많더군. 당신도 동시를 썩 잘 짓곤 했잖아. 나는 그 아이가 대학 영문학과에 진학해서 시인이 되었으면 해. 그래서 조선이고, 일본이고 다 잊어버릴 수 있는 구라파 같은 곳으로 가서 자유롭게 살았으면 좋겠어."

"……."

다케유키가 아무리 열심히 말을 해도 덕혜옹주는 대꾸 한 마디가 없었다. 그녀는 겨울이 깊어가는 창밖을 응시하고 있을 뿐이었다. 그녀의 투명한 눈동자를 바라보며 다케유키는 결국 참았던 눈물을 쏟고 말았다.

"으흐흑! 여보, 덕혜! 우리 마사에도 우울증에 시달리기 시작했어. 나는 우리 딸이 당신처럼 될까봐 무서워서 미칠 지경이야. 여보, 제발 우리 마사에를 지켜줘!"

아내를 부둥켜안고 눈물을 뚝뚝 흘리는 다케유키를 보며 리사도 가슴이 미어졌다.

'신이 있다면 제발 덕혜옹주와 그녀의 가족을 돌봐주세요. 저 가족은 이미 인생에서 차고도 넘칠 만큼의 고통을 겪었답니다.'

이러한 리사의 기도가 신에게 닿지 않았던 모양이다.

해방이 덕혜옹주와 다케유키의 관계에 변화를 주기 시작한 것이다. 해방과 함께 일본 왕실과 조선 왕실의 관계도 정리되면서 조선 왕실 사람들과 다케유키 가문 사람들 사이에서 이혼에 관한 이야기가 흘러나오기 시작했다. 특히 덕혜옹주의 우울증과 정신병이 회복불능이란 사실이 알려지며 이혼에 대한 요구는 점점 거세졌다.

얼마 후, 영친왕의 조국으로의 복귀 계획이 세워지면서 덕혜옹주의 이혼 문제도 점점 구체적으로 논의가 되었다. 영친왕은 몸과 정신이 성치 않은 동생 덕혜옹주와 함께 귀국하길 원했고, 그러자면 일본인 남편과의 관계를 정리할 필요가 있었던 것이다. 결국 1955년 다케유키는 영친왕을 만나서 덕혜옹주와의 이혼에 합의했다.

이혼 수속이 끝나자마자 다케유키는 병원으로 찾아왔다. 피곤한 얼굴로 병실로 들어서는 다케유키를 향해 리사가 볼멘소리로 말했다.

"사람들은 왜 잘 알지도 못하면서 덕혜옹주님과 다케유키 씨보고 이혼하라 마라 하는지 모르겠어요. 지금까지 옹주님이 아프든 말든 상관도 하지 않던 사람들이잖아요. 나는 정말이지 두 사람이 왜 이혼해야 하는지 이해가 되질 않는다고요."

다케유키는 가타부타 말없이 리사의 머리를 쓰다듬어주었다.

"나와 덕혜옹주는 이제 얼굴에 주름이 지기 시작했는데, 리사는 예나 지금이나 귀엽고 깜찍한 모습이구나. 아무래도 신께서 네게 무척 특별한 능력을 부여하신 모양이다. 어쨌든 네가 옹주 곁에 있어줘서 늘 큰 위로가 되고 있단다."

"네에……."

씁쓸히 미소 짓는 다케유키가 안타까워 리사가 시무룩하게 대답했다. 다케유키가 리사를 지나쳐 덕혜옹주에게로 다가갔다. 덕혜옹주는 자신이 이혼했다는 사실을 아는지 모르는지 여전히 창밖만 바라보고 있었다. 주름이 하나둘 늘어나는 아내의 초췌한 얼굴을 말없이 응시하던 다케유키가 침대에 걸터앉으며 그녀의 손을 잡았다.

"여보……."

"……."

"여보, 덕혜……."

언제나처럼 아무 대답도 없는 아내의 얼굴을 측은하게 바라보는 다케유키의 목소리가 가늘게 떨렸다.

"여보, 우리가 이혼을 하게 되었어. 나는 어떻게든 우리의 결혼을 지키려고 했어. 하지만 사람들은 우리가 부부로 있는 것을 허락할 수가 없다고 하는구려. 결혼시킬 때는 우리가 부부가 되지 않으면 안 된다고 그렇게 성화더니, 지금에 와선 또 자신들 마음대로……."

아내의 뺨을 떨리는 손으로 쓰다듬으며 다케유키가 울먹였다.

"우리가 법적 부부든 부부가 아니든 이것만은 기억해주길 바라오. 나와 당신과 우리의 딸 마사에 이렇게 셋은 세상이 뭐라 하든 영원히 가족이라는 사실을 말이오."

남편의 눈에서 굵은 눈물방울이 뚝뚝 떨어져도 덕혜옹주는 여전히 반응이 없었다. 리사는 그 모습이 더 서글퍼 눈물을 흘렸다.

부부의 이혼은 덕혜옹주와 다케유키 두 사람 모두에게 큰 아픔으로 남았다. 하지만 누구보다 견디기 힘들었던 사람은 딸 마사에였다. 이제 이십 대 초반의 꽃다운 아가씨로 성장한 마사에는 엄마에 대한 걱정과 가족을 손가락질하는 사람들 때문에 힘겨운 시간을 보내고 있었다. 어렸을 때의 상처가 차곡차곡 쌓여 그녀는 덕혜옹주 정도는 아니었지만 심각한 우울증을 앓고 있었다. 이 와중에 부모가 이혼했다는 소식은 위태롭게 버티고 있던 마사에의 정신에 결정타를 날렸다.

1956년 8월 26일, 딸 마사에가 산에서 자살하겠다는 유서를 남기고 실종된 것이다.

번쩌억―― 우르르르릉!

폭풍우가 무섭게 몰아치는 저녁이었다. 정신병원을 둘러싼 참나무들이 울창한 가지를 흔들며 미친 듯이 춤을 추었다. 덕혜옹주는 표정 변화 없이 빗물이 사납게 부딪치는 창을 뚫어져라 응시하고 있었다. 리사가 그녀의 무릎까지 담요를 덮어주었다.

"옹주님, 담요를 덮고 계세요. 여름이라 난방이 되지 않아서 제법 쌀쌀해요."

"덕혜……."

다케유키가 문을 밀고 들어온 것은 그때였다. 온몸이 흠씬 젖은 다케유키를 리사가 놀라 돌아보았다.

"다케유키 씨, 이 비를 뚫고 대체 어떻게……?"

다케유키는 아무 대답도 하지 않고 덕혜옹주의 침대를 향해 휘적휘적 걸어갔다. 물을 뚝뚝 흘리며 걸어가는 그의 얼굴은 영혼이 없는 사람처럼 보였다.

"덕혜옹주……."

다케유키가 다시 불렀지만 덕혜옹주는 반응이 없었다.

"끄으으……!"

폐부에서 끓어올린 듯한 신음을 흘리며 아내를 바라보던 다케유키가 허물어지듯 무릎을 꿇었다.

"끄흐흑! 우리 딸 마사에가 사라졌어, 여보! 그 불쌍한 것을 어찌하면 좋을까?!"

"마, 맙소사……!"

리사가 충격으로 벌어진 입을 손으로 틀어막았다. 방안 가득 비탄과 절망이 흐르는 가운데 세상에서 가장 소중한 존재를 잃어 버렸음을 아는지 모르는지 덕혜옹주는 여전히 초점 없는 시선으로 세찬 빗줄기를 바라볼 뿐이었다.

한동안 소리 죽여 오열하던 다케유키도 보조 침대에 웅크린 채 잠이 들었다. 비바람이 너무 심해 그는 돌아갈 수 없었다. 리사도 의자에 앉아 꾸벅꾸벅 졸고 있었다. 덕혜옹주는 언제나처럼 비스듬하게 세운 침대에 등을 기댄 채 눈을 감고 있었다.

뎅! 뎅! 뎅!

자정을 울리는 벽시계가 울릴 무렵, 덕혜옹주가 눈을 떴다. 잠든 남편의 얼굴을 조용히 바라보던 덕혜옹주가 침대 아래로 살며시 내려왔다. 그녀가 병실을 빠져나가는 것을 다케유키와 리사는 전혀 알아차리지 못했다.

쿠웅!

"아얏!"

의자에서 졸고 있던 리사가 바닥으로 떨어지며 짧은 비명을 질렀다.

"아이쿠, 내 엉덩이."

엉덩이를 쓰다듬으며 일어서던 리사가 텅 빈 침대를 발견하고 화들짝 놀랐다.

"어? 옹주님이 어디로 가셨지? 혹시 화장실에 가셨나?"

화장실까지 샅샅이 뒤졌지만 덕혜옹주를 찾을 수 없었던 리사는 결국 깊이 잠들어 있는 다케유키를 깨웠다.

"다케유키 씨, 빨리 일어나 봐요! 옹주님이 사라지셨다고요!"

"덕혜옹주가 사라졌다니? 그게 무슨 말이야?"

"몰라요. 일어나보니 보이지 않았어요. 병원 안을 샅샅이 뒤졌지만 찾을 수가 없어요."

"설마……?"

심각하게 생각에 잠겨 있던 다케유키가 부리나케 뛰어나갔다. 리사가 그런 그를 헐레벌떡 쫓아갔다.

"다케유키 씨, 같이 가요!"

"허억…… 헉헉헉……!"

다케유키가 굵은 빗줄기를 뚫고 진창으로 변한 숲길을 미친 듯이 달리고 있었다. 한참 숲을 헤매면서 그가 목이 터져라 덕혜옹주를 불렀다.

"덕혜옹주! 옹주! 대체 어디에 있는 거요?"

그제야 일이 심상치 않게 돌아가고 있음을 깨달은 리사도 소리를 질렀다.

"옹주님! 대체 어디에 계세요! 대답 좀 해보세요!"

두 사람은 한참동안이나 비가 퍼붓고 벼락이 내리치는 숲을 뒤지고 다녔다. 하지만 어디에서도 덕혜옹주의 모습은 발견되지 않았다. 숲이 끝나는 깎아지는 듯한 벼랑 앞에 다다라서야 다케유키는 아내의 모습을 발견할 수가 있었다.

"아아…… 여보!"

털썩!

다케유키가 허물어지듯 무릎을 꿇으며 비바람이 몰아치는 벼랑 끝에서 환자복을 펄럭이며 위태롭게 서 있는 덕혜옹주의 뒷모습을 바라보았다. 다케유키가 아내를 향해 떨리는 손을 뻗으며 애원했다.

"여보 제발……, 제발 이러지 말아요……."

천천히 고개를 돌리는 덕혜옹주는 울고 있었다. 그녀는 참으로 오랜만에 제정신으로 돌아와 남편을 바라보았다.

"여보, 다케유키……."

"그래요, 나요! 당신 남편 다케유키요!"

"여보, 우리 아기……, 우리 마사에가 떠났어요."

덕혜옹주를 향해 무릎걸음으로 다가가던 다케유키가 우뚝 멈춰 섰다. 그가 어깨를 들썩이며 오열하기 시작했다.

"당신도 알고 있었구려. 딸이 떠났다는 소식만은 듣고 있었구려.

그래요, 우리 착한 딸은 떠났소. 하지만 우리의 이 가슴에 그 아이는 영원히 살아 숨 쉬고 있을 거요."

다케유키가 가슴을 움켜쥐며 애끓는 소리로 말했지만 덕혜옹주는 천천히 고개를 가로저었다.

"아니요. 그 아이가 떠났으니 나도 이제 끝이에요. 이 우울한 삶을 더 이상 이어갈 어떤 이유조차 느끼지 못해요."

스윽!

덕혜옹주의 발이 절벽 밖으로 한 걸음 내딛어졌다. 눈을 감고 두 팔을 벌린 그녀는 이제 곧 한 마리의 나비가 되어 사라질 것만 같았다. 절벽 밖으로 조금씩 몸을 기울이는 덕혜옹주의 등을 향해 팔을 내뻗으며 다케유키가 절규했다.

"그럼 나는 어떡하라고!"

"!"

"마사에도 떠나고, 당신도 떠나면 혼자 남은 나는 어떡하라고? 평생 당신만 바라보고, 당신의 남편으로 살아온 나는……, 나는 대체 어떡하라고……."

다케유키의 눈에서 비 오듯 눈물이 쏟아졌다. 절벽 밖으로 한 발을 내민 채 생과 사의 기로에서 덕혜옹주는 남편의 얼굴을 보고 있었다. 조각을 깎아놓은 듯 아름다웠던 남편의 얼굴에도 어느새 힘겨웠던 세월의 흔적이 역력했다. 그의 이마에 남은 주름과 귀밑의 희끗한 머리카락을 만든 장본인이 바로 자신이라는데 생각이 미치자, 덕혜옹주는 가슴이 미어질 듯 아팠다.
"아아, 마사에!"
덕혜옹주가 하늘을 바라봤다. 비 내리는 하늘 한복판에서 마사에가 엄마를 향해 손짓하고 있었다. 빨리 오라고, 이곳에 오면 영원히 편안할 수 있다고. 덕혜옹주는 진심으로 딸이 있는 곳으로 가고 싶었다. 누구도 자신들을 손가락질하지 않는 그곳에서 딸과 함께 영원히 행복하고 싶었다.
"으흐흑! 덕혜! 덕혜!"
하지만 혼자 남을 남편이 한사코 그녀를 붙잡았다. 자신만 버려두고 가지 말라고 애원했다. 극심한 혼란 속에서 덕혜옹주는 지독한 현기증을 느꼈다.
"아아……! 마사에…… 내 딸 마사에……!"
눈물을 흘리며 쓰러지는 덕혜옹주를 다케유키가 달려가 와락 안았다.

한국으로의 귀국이 꾸준히 추진되던 영친왕은 마침내 영구귀국이 결정되었다. 덕혜옹주의 보호자였던 영친왕은 동생도 조국으로 데려가기로 했다. 다케유키는 말리고 싶었지만 방법이 없었다. 딸 마사에는 죽었고, 그는 이미 그녀와 법적으로 아무 상관도 없는 사이였기 때문이다. 그는 다만 딸의 위패를 어루만지며 이렇게 중얼거렸을 뿐이다.
"우리 가족이 결국은 이렇게 뿔뿔이 흩어지게 되는구나. 마사에,

엄마가 어디에 있든 네가 지켜주길 바란다."

  1962년 1월 덕혜옹주는 새해의 눈이 펑펑 내리는 하네다 공항에서 비행기를 타고 돌아가게 되었다. 리사의 부축을 받으며 덕혜옹주는 마지막 작별을 하기 위해 자신 앞에 서 있는 다케유키를 바라보고 있었다. 슈트에 체프터필드 코트를 입은 다케유키에게선 여전히 기품이 넘쳐흘렀다. 그는 행복한 마지막을 위해 웃음 짓고 있었지만 그의 눈에는 슬픔이 가득했다.
  다케유키가 덕혜옹주에게 바싹 다가서며 이름을 불렀다.
  "옹주, 내가 왔소."
  "……."
  하지만 실어증까지 겹쳐진 덕혜옹주는 멍한 눈으로 대답이 없었다. 다케유키가 품속에 손을 넣더니, 반짝이는 작은 다이아몬드 팬던트가 달린 목걸이를 꺼냈다. 그가 그것을 덕혜옹주의 목에 걸어주며 떨리는 소리로 말했다.
  "우리 딸 마사에가 걸었던 목걸이라오. 언제 어디에 있든 이걸 차고 있으시오. 그럼 우리 딸 마사에가 당신을 영원히 지켜줄 테니까 말이오."
  "……."
  다케유키가 머리를 숙여 덕혜옹주의 입술에 키스했다.
  "안녕, 내 사랑……, 안녕, 내 마음속의 영원한 왕녀여……!"

다케유키의 눈에서 눈물이 주르륵 흐르는 것을 지켜보며 리사도 눈물을 떨구었다. 걷잡을 수 없는 슬픔이 리사의 온몸을 감쌌다. 리사가 동그란 어깨를 들썩이며 서럽게 오열했다.

"으흐흑! 우리 덕혜옹주님이랑 다케유키 씨 불쌍해서 어떡해. 제발 누가 이 두 사람 좀 헤어지지 않게 해주세요, 네?"

후우우웅--!

순간, 리사의 몸 윤곽을 따라 빛이 눈부시게 떠올랐다. 리사가 덕혜옹주를 으스러져라 안고 있는 다케유키를 향해 팔을 뻗었다.

"안 돼……, 아직은 안 돼……!"

하지만 그녀의 손은 이미 친구들을 만질 수가 없었다. 그녀의 몸은 이미 과거와 현실의 경계점을 통과하고 있었다.

"안녕, 친구들! 어디에 있든 너희들의 진실한 사랑을 잊지 않을 거야!"

서럽게 절규하는 리사의 몸이 1962년 겨울 한복판에서 완전히 사라져 버렸다.

"으허어엉!"

현실로 돌아와서도 리사는 과거의 슬픔에서 헤어나지 못하고 있었다. 눈물범벅인 리사의 얼굴을 바라보며 헌책장수 할아버지가 빙그레 미소를 지었다.

"리사야, 이제 알겠니? 내가 왜 너에게 '세기의 로맨스'를 선물했고, 네가 과거로의 여행을 거듭하면서 어떤 해답을 찾길 바랐는지?"

"흐흑……."

간신히 눈물을 그친 리사가 힘겹게 입술을 달싹였다.

"아, 아직도 정확한 해답을 찾진 못했어요. 하지만 덕혜옹주와 다케유키의 눈물겨운 사랑을 보면서 깨닫게 되었어요. 소중한 사람을 잃지 않으려면 용기가 필요하다는 걸. 그리고 그런 용기를 갖게 되면서 우리는 조금씩 어른으로 성장한다는 걸요."

"흐음……."

할아버지가 아무 대답도 하지 않고 리사의 얼굴을 지그시 보았다. 리사가 눈물을 훔치며 물었다.

"제가 틀린 건가요?"

"아니, 아주 정확하게 맞혀 주었다. 할아버지는 네가 사랑의 소중함을 알고, 그것을 지켜나갈 수 있는 용기를 지닌 어른으로 성장하는 모습을 지켜보고 싶었거든."

"그럼 선재의 아빠는……?"

할아버지가 고개를 끄덕였다.

"기적은 어느 날 갑자기 일어나는 게 아니란다. 우리의 간절한 마음이 차곡차곡 쌓여 조금씩 조금씩 이루어지는 것이지."

"그럼 설마……?!"

"기적을 보고 싶다면 지금 당장 병원으로 가보렴."

"고마워요, 할아버지! 정말 고맙습니다!"

리사가 벌떡 일어나 전속력으로 달리기 시작했다.

"원 녀석도······."

할아버지가 리사가 놓고 간 '세기의 로맨스'를 들어 올리며 싱긋 웃었다. 멀어지는 리사의 뒷모습을 향해 책을 흔들며 할아버지가 말했다.

"리사 너에겐 이 책이 더 이상 필요 없을 것 같구나. '세기의 로맨스'는 할아버지가 가져간다."

후우우웅-----!

동시에 양장본 책표지에서 눈부신 빛이 뿜어지며 할아버지와 책 모두 홀연히 사라져 버렸다.

"헉헉······!"

리사는 숨을 헐떡이며 집중치료실 앞에 지친 얼굴로 앉아 있는 선재의 모습을 보고 있었다. 서글픈 선재의 옆얼굴을 보고 있자니 리사는 덕혜옹주를 지켜보던 다케유키의 슬픈 얼굴이 떠올랐다. 이때 문이 열리며 담당 선생님이 한숨을 크게 쉬며 나왔다.

"후우우······!"

"선생님, 아빠는 어떻게 되셨나요?"

다급하게 일어서는 선재를 향해 의사 선생님이 씨익 웃었다.

"아빠가 살아나려면 기적이 필요하다고 했었지?"

"네!"

"그런데 오늘 그 기적이 일어난 것 같구나."

"그, 그럼 혹시······?"

"그래, 아빠가 방금 의식을 회복하셨단다. 폐에 가득 찼던 물도 어떻게 된 영문인지 깨끗하게 사라져 버렸지 뭐냐."

"아아……!"

눈물을 글썽이던 선재가 의사 선생님을 와락 끌어안았다.

"고맙습니다! 정말 고맙습니다, 선생님!"

"하하! 나는 별로 한 일도 없는걸. 두세 시간쯤 후에는 아빠를 뵐 수 있을 테니, 조금만 기다리도록 해라."

의사 선생님이 유쾌하게 웃으며 사라진 후, 선재는 긴장이 풀린 듯 그대로 주저앉아 버렸다. 리사가 그런 선재에게 다가가 조용히 옆에 앉았다.

"리사야, 이 시간에 어떻게 왔어?"

휘둥그레진 눈으로 돌아보는 선재의 얼굴을 리사가 말없이 들여다보았다. 그 상태로 선재의 맑은 눈동자를 보던 리사가 선재의 어깨에 가만히 머리를 기댔다.

"리사……?"

선재는 묻고 싶은 말이 많았지만 참기로 했다. 리사도 자신만큼이나 지쳐 보였기 때문이다. 두 친구는 그렇게 아무 말도 없이 서로에게 머리를 기댄 채 천천히 달콤한 잠 속으로 빠져들었다.

"리사야! 리사야!"

"이 녀석이 대체 어디로 사라졌지?"

절박하게 리사의 이름을 부르는 찬영을 앞세워 성 여사와 강 사장이 병원 복도를 달려오고 있었다. 부부는 리사가 감쪽같이 사라졌다는 찬영의 말을 듣고 급히 병원으로 달려왔던 것이다.
 "저기 우리 딸이 있어요!"
 선재와 머리를 기댄 채 잠들어 있는 리사를 발견한 성 여사가 급히 달려가려고 했다. 그런 아내의 팔을 강 사장이 붙잡았다.
 "잠깐 저대로 둡시다."
 "왜…… 왜요……?"
 "저렇게 곤하게 자고 있지 않소. 잠시만 내버려 둡시다."
 "으음……."
 입술을 잘근잘근 깨무는 성 여사를 향해 강 사장이 설득조로 말했다.
 "아직 어린 녀석들이오. 저 아이들이 어떻게 성장하고, 어떻게 사랑할지 우리로선 아직 알 수가 없소. 그러니까 지금은 서두르지 말고 그냥 인내심을 갖고 지켜보도록 합시다."
 잠시 골똘히 생각하던 성 여사도 이번만은 고개를 끄덕였다.
 "당신이 무슨 말을 하고 싶은지 알 것도 같아요. 하긴 저렇게 천진난만하게 자고 있는 모습을 보니 제가 좀 심했던 것도 같네요."
 조용한 병원 복도에 리사와 선재는 머리를 맞댄 채 곤히 잠들어 있었다.
 기적을 일으킨 두 친구는 자신들이 무슨 일을 해냈는지도 모른 채 세상에서 가장 편안하고 행복한 얼굴이었다.

덕혜옹주의 비극적인 삶

1. 고종의 늦둥이 딸

1912년 5월 25일, 황제의 자리에 물러나 있던 고종에게서 딸이 태어났다. 조선의 마지막 옹주인 덕혜옹주가 바로 그녀였다. 고종이 회갑을 맞던 해에 얻은 늦둥이 딸이었다.

어머니는 소주방 나인 출신으로 고종의 후궁이 되었던 복녕당 양씨였다. 덕혜옹주는 1907년 일제의 압력으로 강제 퇴위를 당한 후 실의의 나날을 보내던 고종에게 큰 위안이 되어주었다. 그러나 점차 망국의 그림자가 드리우고 있던 조선왕실의 옹주의 삶은 결코 순탄할 수가 없었다.

당시 고종의 일상을 기록한 덕수궁 찬시실 일기에는 '오후 7시 55분에 양춘기가 여자 아기를 탄생하였다. 8시 20분에 태왕 전하가 복녕당에 납시었다.'고 하여 덕혜옹주의 탄생과 함께 고종이 직접 산모를 찾았음을 기록하고 있다. 대개 초칠일이 지나야 산모를 찾는 관례에 비추어 볼 때 고종이 환갑에 얻은 늦둥이를 얼마나 귀여워했는지 짐작할 수가 있다.

덕혜의 탄생 이후 고종은 늘 어린 딸과 함께 했다. 심지어 자신의 거처인 함녕전으로 덕혜를 데리고 오기도 했다. 1916년 4월에 고종은 덕수궁의 준명당에 다섯 살 난 덕혜를 위한 유치원까지 설치했다. 그리고 덕혜가 외롭지 않게 동년배 5~6명을 함께 이곳에 다니게 했다. 준명당의 건물 바깥에는 일정한 간격으로 둥근 홈이 파여 있는데, 아이들이 놀다가 행여 다칠까 봐 난간을 설치한 흔적이다. 딸을 위한 아버지의 세심한 배려를 짐작할 수 있는 부분이다. 5월 16일 고종은 직접 유치원 입학식에 참석했다. 함녕전에서 준명당까지는 짧은 거리였지만 덕혜는 가마를 타고 등교했으며, 유모 등이 수행했다.

덕혜는 어린 시절의 대부분을 어머니인 귀인 양씨가 아닌 아버지 고종과 함께 보냈기에 그만큼 아버지에 대한 정이 깊었다. 고종에게 덕혜는 그야말로 쓸쓸한 말년에 찾아온 한줄기 빛과 같은 존재였다.

2. 부친의 죽음과 일본 유학

두 부녀의 행복은 그리 오래가지 못했다. 1919년 1월 21일 고종이 갑자기 승하한 것이다. 덕혜의 나이 이제 겨우 여덟 살이었다. 개인적인 슬픔은 말할 것도 없거니와 부친의 죽음은 그녀의 삶을 송두리째 뒤바꿔놓았다.

고종 승하 후 덕혜는 거처를 함녕전에서 어머니가 있는 광화당으로 옮겼다. 그리고 다시 창덕궁으로 옮겨지면서 창덕궁 관물헌에 자리를 잡았다. 1921년 고종의 삼년상이 끝난 후 열 살이 된 덕혜의 교육이 중요한 문제로 떠올랐다. 조선 왕실의 흔적을 지우기 위해서라도 일제는 덕혜에게 철저히 일본식 교육을 강요했다.

1921년 4월 덕혜는 일본인이 세운 일출소학교에 입학했다. 당시까지도 그녀는 '복녕당 아기씨'로 불렸는데, 이때에 이르러 '덕혜'라는 이름을 공식적으로 받게 되었다. 〈순종실록〉 1921년 5월 4일의 기록에 "복녕당 아기에게 덕혜라는 이름을 하사하였다."라는 내용이 보인다.

덕혜의 불운은 일본인 학교에 입학하는 것으로 그치지 않았다. 일제는 영친왕에게 그랬듯이 덕혜에게도 일본 유학을 강요했다. 일제의 압박에 굴복한 순종은 1925년 3월 24일 덕혜의 동경 유학을 명했다. 열네 살의 어린 소녀는 정든 궁궐을 떠나 적대적인 사람들로 가득한 낯선 일본으로 떠나야만 했다.

1925년 3월 30일 덕혜가 동경에 도착해서 간 곳은 오빠인 영친왕과 그의 부인 이방자가 거처하던 집이었다. 이방자는 수기에 "덕혜옹주가 도착한 날 밤 그의 침대 곁에 한동안 앉아 있었다. 조용히 잠든 앳된 얼굴에는 애수가 서려 있어서 나도 모르게 눈물을 글썽이고 있었다."며 아픈 마음을 표현하고 있다. 훗날 덕혜와 이방자는 40여 년 만에 낙선재에서 재회하게 된다.

덕혜는 영친왕의 집에서 여자학습원에 다녔다. 당시 덕혜는 늘 보온병을 들고 다녔는데, 일본인 친구들이 그 이유를 묻자, "독살을 피하기 위해서"라고 대답했다고 한다. 덕혜는 부친 고종의 죽음이 일제의 독살에 의한 것이라고 믿고 있었던 것이다.

이 무렵 덕혜를 더욱 슬프게 한 것은 1926년 오빠 순종 임금의 죽음과 1929년 생모 양씨의 죽음이었다. 덕혜는 이국땅에서 고아의 처지가 되고 말았다.

3. 정략결혼

1931년 5월 8일 조선의 백성들은 일본에서 들려온 소식에 충격에 빠졌다. 덕혜가 대마도 백작 소 다케유키와 결혼을 했다는 소식이었다. 일본인 아내를 맞은 영친왕처럼 덕혜도 정략결혼을 당한 것이다. 당시 조선일보는 신랑의 얼굴을 삭제한 결혼식 사진을 실어 분노한 민심을 대변했다.

당시 궁녀들 사이에서는 덕혜의 남편이 애꾸눈에 키가 작은 추남이라는 소문도 돌았지만 실제 사진을 보면 남편 소 다케유키는 훤칠한 미남이었다. 그는 동경대 영문학과를 나온 당대의 엘리트 학자이자 시인이기도 했다. 결혼 1년 후에는 딸 마사에가 태어났고, 덕혜는 얼마간 행복한 결혼 생활을 누린 것으로 보인다.

그러나 망국의 옹주로서 겪은 정신적 스트레스가 컸던 탓일까? 덕혜는 얼마 후부터 정신병에 시달리기 시작했다. 남편은 집에서 덕혜를 정성껏 간호했다. 그러다 병이 깊어지자, 1946년 정신병원으로 덕혜를 옮겼다. 일제의 패망 후 소 다케유키는 더 이상 귀족의 지위를 유지하지 못해 경제적으로 매우 힘들어졌기 때문이다.

결국 덕혜는 법적 보호자였던 영친왕과의 합의를 통해 남편과 이혼을 했다. 1956년 딸 마사에의 실종과 죽음은 덕혜의 병을 더욱 깊어지게 만들었다. 망국의 옹주는 이제 완전히 정신을 잃고 낯선 병원에서 생을 마감하게 될 것처럼 보였다.

4. 귀국

1945년 해방 이후 흐릿한 정신 속에서도 덕혜는 어린 시절을 보낸 고국의 궁궐로 돌아가기를 갈망했다. 이 무렵 서울신문의 김을한 기자가 덕혜의 안타까운 소식을 듣고 귀국을 위해 백방으로 노력했다. 그러나 조선 왕실의 존재에 정치적 부담을 느낀 이승만 정부는 덕혜의 귀국을 허락하지 않았다. 그러다가 박정희 정부 시절에 다시 탄원서를 올린 끝에 마침내 귀국길에 오를 수 있었다.

덕혜는 1962년 1월 26일에 고국으로 돌아왔다. 37년 만의 귀국이었다. 열네 살의 꽃다운 소녀가 어느덧 쉰한 살의 중년 여인이 되어 있었다. 게다가 풍상에 찌든 얼굴에 초점 없는 눈매를 한 환자로 돌아온 것이다. 당시 일간지에서는 "구중궁궐에서 금지옥엽으로 자라나 산천이 낯선 외국으로 끌려간 데다 왜인과 뜻하지 않은 강제결혼까지 하게 되자 모든 것이 구슬프고 무서워 세상살이를 체념하고 정신병자가 되었다."고 그녀의 아픈 개인사를 기록하고 있다.

덕혜는 귀국 후에 서울대학교 병원에서 요양했지만 병세는 크게 호전되지 않았다. 그녀가 1967년 무렵부터 말년을 보낸 거처는 낙선재였다. 낙선재는 모두 세 개의 건물로 구성되어 있다. 1847년 헌종이 후궁인 경빈 김씨를 위해 지어준 전각으로 헌종의 사랑채가 낙선재, 경빈 김씨의 거처인 안채가 석복헌, 그리고 대비인 순원왕후를 위해 중수한 건물이 수강재다. 낙선재는 1884년 갑신정변 직후 고종이 집무실로 사용했으며, 순종도 일제에 국권을 빼앗긴 이후인 1912년 6월부터 주로 이곳에서 거주했다. 이때 순종의 계비인 순정효황후가 석복헌에서 지내다가 1966년 일흔세 살의 일기로 세상을 떠났다.

1963년에 환국한 영친왕 이은도 낙선재에서 1970년에 생을 마쳤다. 덕혜옹주는 귀국 후 수강재에서 머물렀다. 덕혜옹주가 돌아온 이듬해에 마지막 황태자비 이방자도 귀국해 낙선재에서 여생을 보냈다.

조선의 마지막을 상징하는 이방자와 덕혜옹주가 낙선재와 수강재에 함께 머물며 서로의 상처를 다독인 것은 그나마 다행스런 일이었다. 1989년 4월 21일 덕혜옹주는 병세를 이기지 못하고 낙선재에서 세상을 떠났다. 그리고 9일 뒤인 4월 30일 이방자 여사도 생을 마감했다.

5. 왜 천왕이 아니라 일황인가?

일본인들은 현재에도 자신들의 왕을 '천황'이라고 부릅니다. 지금은 천황이 실질적인 권력을 갖지 않은 명목상의 지위에 불과합니다. 하지만 덕혜옹주의 시대적 배경이 되는 일제시대의 천황은 절대적인 정치권력과 군통수권까지 행사하는 실질적인 국가 원수였습니다.

소설의 시대적 배경에 맞추려면 당연히 천황이라 표기해야 할 일본 국왕을 본문에서 굳이 '일황'이라 표기한 이유가 바로 여기에 있습니다. 일제강점기 일본의 국가 원수 천황의 명령에 따라 조선의 백성들이 갖은 수탈을 당하고, 많은 젊은이들이 군대에 징집되어 목숨을 잃었습니다. 또한, 꽃다운 처녀들이 정신대로 끌려가 수모를 당한 우리 국민의 정서상 일본 군국주의의 상징과도 같은 천황이란 호칭을 도저히 받아들일 수 없을 것 같았기 때문입니다. 그래서 일본의 황제란 뜻인 일황으로 사용하였습니다.

이 점 독자들에게 특별한 양해를 구합니다.